AMANHÃ O SEXO VOLTARÁ A SER BOM

Título original:
Tomorrow sex will be good again

Tradução:
Judite Jóia

Revisão:
Joana Ambulate

Capa:
Joana Carvalho

Depósito Legal n.º 509446/22

Biblioteca Nacional de Portugal — Catalogação na Publicação

ANGEL, Katherine

Amanhã o sexo voltará a ser bom : a mulher e o
desejo na era do consentimento. – (Extra-coleção)
ISBN 978-972-44-2669-3

CDU 316

CDU 94(4)"19"

Paginação:
EDIÇÕES ALMEDINA, S.A.

Impressão e acabamento:
Publito Artes Gráficas - Braga

para
EDIÇÕES 70
janeiro 2023

EDIÇÕES 70, uma chancela de Edições Almedina, S.A.
LEAP CENTER — Espaço Amoreiras
Rua D. João V, n.º 24, 1.03 — 1250-091 Lisboa — Portugal
e-mail: editoras@grupoalmedina.net

Katherine Angel

AMANHÃ O SEXO VOLTARÁ A SER BOM

Tradução de Judite Jóia

70

Índice

Para Allie, Cassie, Mitzi e Sasha

«Não creio que seja proveitoso apresentá-la — ou, na verdade, a qualquer outra mulher — como alguém que domina ou sucumbe aos seus demónios, como se as suas únicas opções fossem o triunfo ou a derrota (um vocabulário militar que não poderia estar mais longe do que lhe era próprio)».

Jacqueline Rose, «Respect: Marilyn Monroe», *Women in Dark Times*

1. Sobre o consentimento

Algures no início da década de 2010, o ator pornográfico James Deen realizou um filme com uma admiradora a quem chamou «Rapariga X». Tornara-se um costume seu; ora as fãs lhe escreviam a dizer que queriam fazer sexo com ele, ora ele lançava uma convocatória sob o mote «Grave uma Cena com o James Deen», e os resultados eram divulgados no seu website. Numa entrevista realizada em abril de 2017, apenas alguns meses antes de os meios de comunicação social serem inundados com debates sobre as agressões sexuais e o assédio perpetrados por Harvey Weinstein e outros — e apenas dois anos depois de o próprio Deen ter sido denunciado (mas não incriminado) por múltiplos abusos sexuais —, ele disse:

> Tenho o concurso «Grave uma Cena com o James Deen», ao qual as mulheres se podem candidatar, e, depois de uma conversa bastante longa e de eu passar meses a dizer-lhes «As pessoas vão descobrir, vai afetar o teu futuro», tentando no fundo convencê-las a não o fazerem, no final gravamos uma cena.

Na verdade, há pouco sexo envolvido no vídeo da Rapariga X. Trata-se na maioria das vezes de uma conversa demorada, galanteadora e tensa, que volta repetidamente à questão de saber se eles vão ou não fazê-lo: ter relações sexuais, filmá-las e pô-las online. A Rapariga X hesita. Ela alterna entre a desenvoltura e o retraimento; num instante, está disposta a arriscar, no outro, angustia-se; ganha balanço e para. Está dividida e apreensiva; imersa nos seus próprios pensamentos. Reflete sobre os seus dilemas em voz alta, e Deen tenta acompanhá-la.

Presumivelmente, ela quer «gravar uma cena com o James Deen»; mas, quando ele lhe abre a porta, ela aparenta perder a coragem. Entra no apartamento, envergando umas *leggings* de PVC, uma camisa de seda bege com detalhes em preto — o nosso olhar está atrás da câmara, com Deen, que a filma —, e anda de um lado para o outro numa agitação, soltando um riso estridente e nervoso enquanto diz: *Oh, meu Deus, oh, meu Deus.* Captamos vislumbres do espaço genericamente anónimo: superfícies brilhantes, uma abundância de madeiras descoradas. E depois vislumbres dele ao pousar a câmara: calças de ganga com rasgões, enormes ténis brancos. Às vezes, ele iça a câmara até ao rosto da rapariga; ela vira a cara. Ele provoca-a — *és uma universitária, julgas que és muito esperta* — enquanto andam para trás e para a frente na cozinha, com a sua reverberante ilha central, no corredor com frisos em branco-vivo e paredes de um vermelho-escuro. Ele pergunta como é que ela quer ser chamada; ela não responde. *Nesse caso,* diz ele, *vou chamar-te Rapariga X, até decidires qual é o teu nome.*

Os nervos não a deixam sossegar — *nem consigo olhar para ti* —, ela move-se em avanços e recuos. Senta-se a uma mesa cromada e reluzente, ocupando um banco alvo. Os dois examinam um contrato, e a imagem desaparece gradualmente. Os pormenores não são da nossa conta. Quando a imagem volta a aparecer, ela tira uma *selfie*. Está prestes a assinar, mas nesse momento para e diz: *O que é que eu estou a fazer com a minha vida? Que raio estou a fazer com a minha vida?* Ela pode voltar atrás a qualquer momento, assegura Deen; o contrato pode ser rasgado. A imagem volta a desaparecer e a aparecer gradualmente; vemo-la a assinar o contrato. *Podemos escolher um nome mais tarde,* diz ele. *A menos que queiras ser apenas a Rapariga X? Não sei,* responde ela, num murmúrio relutante. *Não faço a mínima ideia, nunca fiz isto antes.*

O nervosismo da Rapariga X é lisonjeador para Deen: um sinal do seu deslumbramento por estar perante uma estrela colossal e improvável. Mas também previne quaisquer repercussões que ela possa temer, neutralizando aquilo que poderia ser considerado por Deen, ou por outras pessoas, como exibicionismo — porventura, como uma vontade de se meter em sarilhos. Ela está a preparar-se para ficar exposta.

A Rapariga X está a fazer algo direcionado para o olhar ávido de outros, algo que ela imagina que irá excitar e satisfazer um espectador — inclusive, porventura, aquele que está dentro dela, aquele que se quer ver a fazer sexo com Deen. Mas, quando ela pergunta O *que é que eu estou a fazer com a minha vida? Que raio estou a fazer com a minha vida?*, tenho a sensação de que ela imagina igualmente o olhar de outro tipo de espectador, um mais severo, um censor. Ambos os espectadores — aquele que a encoraja e aquele que a repreende — foram muito provavelmente interiorizados pela Rapariga X, tal como estão dentro de muitas mulheres: o espectador que satisfazemos na perfeição e o espectador cuja censura e represália tememos provocar. A Rapariga X tem em conta os espectadores dentro da sua cabeça e o poder do próprio espetáculo.

Ela é a impulsiva aspirante ao prazer; e é também a que está alheada, constrangida e inibida. Oscila entre o descaramento e a violenta consciência do desequilíbrio de poder entre ela e Deen. Há demasiadas coisas em jogo para si, tornando extremamente difícil perseverar na decisão de explorar os seus próprios desejos. Este vaivém dissociativo, estas mudanças de direção e registo advêm precisamente do poder das ideias punitivas sobre a sexualidade e a individualidade das mulheres. A Rapariga X debate-se com questões que muitas mulheres farão a si próprias — que eu certamente fiz a mim própria — na primeira vez que dormem com um homem ou no momento em que revelam o seu desejo. Estarei em perigo? Ao revelar-me, terei renunciado à privacidade e à dignidade? Serei perseguida e assombrada pelas minhas próprias ações? Serei capaz de resistir aos desejos importunos das outras pessoas? Dizer que sim terá obviado a minha capacidade de dizer que não?

Quando a Rapariga X expressa a sua ambivalência — *quero fazer sexo contigo, mas não sei se quero que o mundo inteiro veja* —, Deen mostra-se compreensivo. *Não queres que te chamem de prostituta*, diz ele. *Algo do género*, continua ela, adotando uma voz masculina, *«vi-te a fazer sexo com ele, porque é que não fazes sexo comigo?»*. Este pensamento não é inteiramente paranoico. Um dos arguidos no julgamento do «caso dos abusos sexuais no râguebi», que veio a lume em 2018 na Irlanda do Norte, terá alegadamente perguntado, ao entrar na divisão onde dois outros homens obrigavam uma mulher a praticar atos sexuais: «Fizeste sexo com os outros, porque é que não podes fazer sexo comigo?» O desejo (presumido) de uma mulher — mesmo se for expresso apenas uma vez, por um único homem — torna-a vulnerável. Quando se assume que uma mulher disse que sim a alguma coisa, ela já não pode dizer que não a nada.

No filme, há vários momentos de riso, alegria e prazer; pode ser encantador assistir a isso. Há humor, desenvoltura e sedução. A Rapariga X e Deen parecem genuinamente gostar um do outro. Há química entre os dois. Ela espicaça-o; já não está deslumbrada, é sarcástica e contundente. Mas há também embaraço e movimentos mal calculados; há a ambivalência dela e a incerteza dele quanto a insistir ou a conter-se.

Por fim, ultrapassam as barreiras. Atravessam o limiar. Fazem sexo. Às vezes, são barulhentos, mas há também intervalos silenciosos e pausas na ação; uma vez por outra, ela solta um suspiro; eles riem e conversam. Tanto quanto é possível saber vendo a partir de fora — e não é possível —, parece bom, divertido, prazeroso. Permanecem em silêncio durante algum tempo e depois concordam em fumar um cigarro na varanda. *Queres que desligue a câmara?*, pergunta ele. *Sim*, responde ela. *OK*, diz ele. Ela começa a vestir-se. *A câmara desliga-se*, anuncia ele. *A câmara desliga-se*, repete ela. Ele caminha em direção à câmara, em direção a nós, os espectadores. *A câmara*, diz ele, *irá desligar-se*.

É provável que nunca venhamos a saber o que aconteceu depois disto; o que aconteceu nos intervalos entre as partes que foram filmadas: o que foi cortado, as conversas que não escutámos, o sexo que não vimos. É provável que nunca venhamos a saber qual a opinião da Rapariga X sobre as acusações levantadas contra Deen, ou se houve coisas naquele dia que a fizeram sentir-se desconfortável, que lhe causaram mágoa ou raiva. Não conheço a história da Rapariga X. Mas no filme vejo a experiência dolorosa — e familiar — de ser impelida em diferentes direções; de ter de contrabalançar o desejo com o risco; de ter de prestar atenção a tantos elementos na busca do prazer. As mulheres sabem que o seu desejo sexual pode deixá-las desprotegidas e ser invocado como uma prova de que a violência não foi, de facto, violência (*ela queria*). A Rapariga X mostra-nos, pois, que é a própria existência do desejo, e não somente a sua expressão, que é permitida ou inibida pelas condições em que este é atendido. Como podemos saber o que queremos quando saber o que queremos é tanto algo que nos é exigido quanto uma fonte de maus-tratos? Não é de espantar que a Rapariga X tenha sentimentos contraditórios, que fique paralisada pela indecisão. James Deen não entende a gravidade melancólica que o sexo tem para a Rapariga X — ele não precisa de entender. A Rapariga X, por outro lado, cresceu com exigências impossíveis. Ela experiencia o duplo espartilho que marca a existência das mulheres: dizer que não pode ser difícil, mas também não é fácil dizer que sim.

****

Em 2017, vieram a lume várias acusações contra Harvey Weinstein. Na sequência disto, o *hashtag* #MeToo — um *slogan* criado por Tarana Burke em 2006 com o objetivo de chamar a atenção para a violência sexual perpetrada contra as jovens mulheres negras — disseminou-se nas redes sociais, incentivando as mulheres a contarem as suas histórias de agressão sexual. Uma ampla cobertura mediática sobreveio nos meses seguintes, maioritariamente sobre os abusos de poder no local de trabalho. E, neste contexto, o ato de falar abertamente sobre as experiências individuais foi considerado um bem indiscutível e necessário.

Eu apreciei a cobertura mediática, mas ela também me apavorava, e por vezes tinha de ir a correr para desligar o noticiário e o seu desfile imparável de histórias sinistras. No auge do #MeToo, parecia às vezes que nós, as mulheres, éramos obrigadas a contar as nossas histórias. A acumulação de histórias online — no Facebook ou no Twitter — e em pessoa criou uma atmosfera de pressão e expectativa. Quando é que vais contar a tua história? Era difícil não reparar no apetite coletivo por estas histórias, um apetite expresso na linguagem da preocupação e da indignação que se ajustava perfeitamente à ideia de que dizer a verdade é um valor fundacional e axiomático para o feminismo. O #MeToo não só valorizava o discurso das mulheres, como arriscava convertê-lo num dever, uma exibição obrigatória da potência feminista individual da autorrealização, da determinação em recusar a vergonha e da força para erguer a voz contra a indignidade. Também satisfazia uma fome lasciva de histórias sobre o abuso e a humilhação de mulheres, embora o fizesse de forma seletiva.

Quando é que convidamos as mulheres a falar, e porquê? A quem serve este discurso? Quem é convidado para falar em primeiro lugar — e que vozes são escutadas? Embora qualquer acusação de violência sexual levantada por uma mulher tenda a ser recebida com forte resistência, os relatos de mulheres brancas e ricas foram privilegiados durante o #MeToo, em detrimento, por exemplo, dos de jovens mulheres negras cujas famílias travavam havia décadas uma batalha judicial com o músico e abusador sexual R. Kelly. Estudos demonstram que há uma tendência para acreditar menos nas mulheres negras que denunciam crimes de abuso sexual do que nas suas congéneres brancas (com as raparigas negras a serem vistas como mais adultas e sexualmente experientes do que as raparigas brancas da mesma faixa etária) e que as condenações por violação que dizem respeito a mulheres brancas têm consequências mais sérias do que aquelas que dizem respeito a mulheres negras. Os discursos não são todos iguais.

E, contudo, não é só em retrospetiva que as mulheres são incentivadas a falar, mas também prospetivamente, tendo em conta o futuro, como uma proteção: um discurso claro é um ingrediente necessário para prevenir futuros males e não só para falar sobre os males passados. Nos últimos anos, surgiram dois requisitos para o bom sexo: o consentimento e o autoconhecimento. Na esfera do sexo, em que o consentimento é soberano, pelo menos enquanto ideal, as mulheres devem falar abertamente — e devem falar abertamente sobre aquilo que querem. Portanto, elas devem saber aquilo que querem.

Naquela a que chamarei a cultura do consentimento — a retórica prevalente segundo a qual o consentimento é *o locus* de transformação das maleitas da nossa cultura sexual —, o discurso das mulheres sobre o seu desejo é simultaneamente exigido e idealizado, promovido como indicador de uma política progressista. «Saiba aquilo que quer e descubra o que o seu parceiro quer», incentivava um artigo do *The New York Times* em julho de 2018, prometendo que «o bom sexo acontece onde estas duas agendas se encontram». «Tenha a conversa», exortava um educador sexual num programa da BBC Radio 4 intitulado «A Nova Era do Consentimento», em setembro desse mesmo ano, referindo-se à conversa direta e honesta sobre sexo: se o queremos e, em caso afirmativo, como é que o queremos. Tenha a conversa *antes* de chegar ao quarto, dizem-nos; tenha-a no bar, no táxi a caminho de casa. Qualquer embaraço será compensado mais tarde.

«O consentimento entusiástico», escreveu Gigi Engle na *Teen Vogue*, «é necessário para que ambas as partes desfrutem da experiência» — um posicionamento comum que o académico Joseph J. Fischel interpretou como a perspetiva de que «o consentimento entusiástico, a partir do qual podemos aferir o desejo, não é apenas uma linha de base para o prazer sexual, mas quase sempre o seu garante». Agora, o discurso das mulheres carrega um pesado fardo: o de garantir o prazer, melhorar as relações sexuais e pôr fim à violência. O consentimento, para usar a fórmula de Fischel em *Screw Consent*, confere uma «magia moral ao sexo».

Esta retórica não é de todo nova; a militância feminista centrou-se intensamente no consentimento, sobretudo desde os anos 1990, originando no processo discussões acesas (em breve, voltarei a este tema). Em 2008, Rachel Kramer Bussel escreveu que, «enquanto mulheres, é nosso dever para connosco mesmas e para com os nossos parceiros sermos mais eloquentes a pedir aquilo que queremos na cama, bem como a partilhar aquilo que não queremos. Nenhum parceiro pode dar-se ao luxo de ser passivo e se limitar a esperar para ver até onde é que a outra pessoa irá». Que devemos dizer o que queremos — e, na verdade, saber o que queremos — converteu-se num truísmo com o qual é difícil discordar se levamos a sério a autonomia e o prazer sexual das mulheres. E este mandato para que as mulheres saibam claramente o que desejam e o ponham em palavras é enquadrado como intrinsecamente libertador, pois enfatiza a capacidade das mulheres para o prazer sexual e o seu direito a este.

Há muito que o pensamento progressista elencou a sexualidade e o prazer como substitutos da emancipação e libertação. Era precisamente isto que o filósofo Michel

Foucault criticava em 1976, na sua obra *A Vontade de Saber*, quando escreveu que «amanhã o sexo voltará a ser bom». De forma irónica, ele parafraseava o ponto de vista dos liberacionistas sexuais da contracultura dos anos 1960 e 1970: os marxistas, os revolucionários, os freudianos — todos aqueles que acreditavam que, para nos libertarmos das amarras moralizadoras de um passado vitoriano repressivo, tínhamos de dizer a verdade sobre a sexualidade. Foucault, pelo contrário, desconfiava do modo como «ardentemente escamoteamos o presente e convocamos o futuro», argumentando que os respeitáveis vitorianos eram, na verdade, bastante loquazes em relação ao sexo, ainda que essa loquacidade tomasse a forma da definição de patologias, anormalidades e aberrações. Não só reviu a perspetiva clássica que encarava os vitorianos como pudicos, reprimidos e calados, como também se opôs ao truísmo de que falar abertamente sobre sexo equivale a libertação e o silêncio equivale a repressão. «Não devemos julgar», escreveu Foucault, «que, ao dizermos *sim* ao sexo, dizemos *não* ao poder.»

O sexo foi — e ainda é — proibido e regulado de inúmeras maneiras, e a sexualidade das mulheres, em particular, foi intensamente restringida e policiada. Porém, vale a pena alongarmo-nos sobre o ponto de vista de Foucault. Vivemos outra vez um momento em que parece que será amanhã — um amanhã no horizonte, suficientemente próximo ao toque — que o sexo será bom de novo; um momento em que escamoteamos o presente e convocamos o futuro, armados com as ferramentas necessárias para desfazer a repressão passada: as ferramentas do consentimento e, como veremos, da investigação sexual. Mas falar e dizer a verdade não são atos inerentemente emancipatórios, e nem a linguagem nem o silêncio são inerentemente libertadores ou opressivos.

Além disso, a repressão pode atuar através dos mecanismos da linguagem, através do que Foucault designou como «incitamento ao discurso». O consentimento, e a sua presunção de clareza absoluta, põe o ónus da boa interação sexual no comportamento das mulheres — no que elas querem e no que elas podem saber e dizer sobre os seus desejos, na sua capacidade de representar um sujeito sexual confiante para garantir que o sexo é mutuamente prazeroso e não violento. Pobre daquela que não se conhece nem põe em palavras esse conhecimento. Isto, como veremos, é perigoso.

****

Numa entrevista, uma das vítimas da campanha de intimidação sexual levada a cabo por Weinstein referiu ter tido medo de «provocar o urso»; medo de, ao ser confrontada com as suas exigências, fazer alguma coisa que inflamasse a sua raiva, violência ou desejo de vingança. No julgamento de Weinstein, realizado em janeiro de 2020 na cidade de Nova Iorque, uma testemunha disse ao tribunal que, se ele «ouvisse a palavra "não", era como um gatilho para ele». As mulheres aprendem — em muitos casos, com homens violentos — a importar-se excessivamente com os sentimentos dos homens. São socializadas para se sentirem responsáveis pelo bem-estar do homem e, portanto, também pela sua raiva e violência. Aprendem ainda que, se «derem sinais», devem ir até ao fim e que, se disserem que não depois de terem aparentemente demonstrado interesse, as repercussões são da sua inteira responsabilidade. Um ego masculino ferido é mais propenso a partir para o ataque; e, uma vez que grande parte da comunicação em sociedade é indireta, especialmente quando o medo entra em cena, as mulheres podem dizer que não de forma cautelosa, tímida e dissimulada para impedir que o homem seja humilhado e evitar antagonizá-lo.

Porém, um *não* cauteloso pode deixar de ser entendido como um *não*, e a sua consideração e a sua fragilidade podem ressurgir para assombrar uma mulher na sala de audiências de um tribunal, na esfera das acusações e do escrutínio dos comportamentos. Disse que não suficientemente alto? Afastou o urso?

Sendo assim, torna-se difícil dizer que não. Mas também o é dizer que sim; também o é expressar um desejo. Em primeiro lugar, a expressão verbal do desejo não garante o prazer para as mulheres, apesar do tom fervoroso e enérgico de grande parte do discurso sobre o consentimento. Na série *I May Destroy You*, de Michaela Coel, a escritora Arabella encontra-se em Itália na companhia de uma amiga, a atriz Terry; as duas estão alojadas num apartamento requintado onde Arabella tenta concluir o seu manuscrito. Elas saem para dançar, e Terry abandona a discoteca mais cedo, passando por um bar no caminho para casa onde um homem italiano tenta seduzi-la. Antes, vimo-lo com um amigo, apontando para ela; mas, quando Terry o encontra, ele está sozinho. Eles dançam, e a tensão sexual aumenta; parece indubitável que está prestes a acontecer alguma coisa. Nessa altura, chega o outro homem; eles não revelam que se conhecem. Do ponto de vista de Terry, o *threesome* que se segue parece orgânico, fortuito. Depois de eles fazerem sexo — ou, melhor, depois de os homens ejacularem —, os dois vestem-se abruptamente e apressam-se a ir para casa, deixando Terry em suspenso. Eles obtiveram o seu prazer, alcançaram o orgasmo; mas onde ficara o dela? Ela concordara em fazer sexo, mas isso não impede que se sinta usada e desiludida. Desanimada, observa-os a caminharem pela rua lado a lado, numa camaradagem cúmplice; a sua amizade e o seu disfarce afiguram-se agora evidentes. Terry sente a inquietante suspeita de que, a par da sua própria curiosidade sexual, houve o estratagema dos homens para a manipularem através de uma forma subtil e ambígua de farsa. Será que o consentimento, o dizer que sim e a expressão do desejo constituem um garante do prazer? Evitarão que os homens instrumentalizem as mulheres? Claro que não. O prazer, e o direito a este, não é igualmente distribuído.

Dizer que sim, e nomear os próprios desejos com clareza, é também difícil devido ao escrutínio sexista ao qual as mulheres são implacavelmente submetidas. Muitos julgamentos de casos de violação e agressão sexual não se concentram em saber se o ato aconteceu, mas em saber se a vítima consentiu na atividade sexual. O consentimento torna-se, portanto, indistinguível da fruição, do prazer e do desejo. Como afirmou um preeminente advogado inglês, a vítima ideal «é, de preferência, sexualmente inexperiente ou, pelo menos, respeitável». Provas de que uma mulher usou aplicações como o Tinder para encontrar parceiros sexuais podem ser usadas contra ela numa sala de audiências, ainda que isto seja irrelevante para a acusação apresentada ao tribunal; e a disponibilidade de uma mulher para fazer sexo casual com um estranho é muitas vezes um fator que pesa fortemente contra si num julgamento. Se o caso analisado pelo tribunal resultou de «um contacto estabelecido através de um website de encontros sexuais, existirão poucas hipóteses de condenação». Por outras palavras, não é possível ser-se violada por alguém que se conheceu no Tinder — por alguém que se terá conhecido mediante um desejo certo de fazer sexo.

O apetite sexual de uma mulher é, com frequência, o meio através do qual a violência masculina é exonerada.

Por exemplo, que outro motivo levaria um advogado a exibir na sala de audiências a roupa interior de uma mulher que apresentou uma queixa por violação, como aconteceu em 2018 no julgamento de um caso de violação na Irlanda? A advogada — uma mulher — disse: «Têm de ver a maneira como ela estava vestida. Ela estava a usar umas cuecas de fio dental com a parte da frente em renda.» Aparentemente, a roupa interior da queixosa substitui o seu desejo sexual. E, de novo, quando se supõe que uma mulher disse que sim a alguma coisa, ela já não pode dizer que não a nada.

De forma semelhante, o desejo de uma mulher foi determinante no novo processo de julgamento do futebolista galês Ched Evans em 2016. Evans fora condenado com pena de prisão pela violação de uma jovem de 19 anos. A reapreciação do julgamento examinou provas que foram consideradas relevantes pelo Tribunal de Recurso: provas relacionadas com a história sexual da mulher, fornecidas por dois outros homens. Eles afiançaram que ela tinha uma predileção por sexo «invulgar» — alegadamente, teria feito sexo na posição de quatro com penetração vaginal por trás e dito «com mais força». Sinais de entusiamo são apurados contra uma mulher — sinais do tipo de entusiasmo e «excentricidade» que, de resto, as mulheres são incentivadas a explorar há décadas em nome da libertação sexual por revistas femininas e compêndios de dicas sexuais. Afinal, quem é que dá sinais contraditórios?

Há alguns anos, quando escrevi um livro na primeira pessoa sobre sexualidade — sobre as suas alegrias e dores, sobre a luz e as trevas —, perguntaram-me várias vezes como é que eu decidira dar o passo arriscado e revelador de escrever sobre a minha vida sexual; e, várias vezes, disseram-me que era corajosa. Pessoas que gostaram do livro disseram que eu era corajosa num tom elogioso e apreciador; e pessoas que não gostaram do livro afirmaram — ou escreveram — a mesma coisa num tom horrorizado. Acabei por sentir que a linha comum era uma certa incredulidade elementar; um reconhecimento de que falar sobre a própria sexualidade, sendo uma mulher, era imprudente.

Pela parte que me toca, tive de me esforçar bastante para manter à distância a ideia latente em todas aquelas reações: a de que escrever publicamente sobre a minha sexualidade poderia, até ao dia da minha morte, ser usado como prova contra mim. Não podia esquecer, embora tenha tentado com todas as minhas forças, que, se alguma vez tivesse de incriminar um homem por agressão sexual, a exploração da minha sexualidade por escrito poderia causar-me danos. Poderia isentar um homem de culpas.

Quando pressentia esse estremecimento, essa onda de horror que percorria as outras pessoas, assumia que se tratava da conhecida aversão perante uma mulher que falava francamente sobre sexo — uma censura baseada no género, uma dualidade de critérios. Mas talvez alguma dessa aversão seja sempre reflexo daquilo que todos sabemos: uma mulher que se expõe, num mundo que, simultaneamente, deseja e pune esse impulso, torna-se vulnerável. A sua vulnerabilidade, por sua vez, desencadeia o medo, o qual é facilmente convertido em desprezo ou admiração. O estremecimento é o espasmo do reconhecimento e constitui um aviso coletivo: tem cuidado.

A ênfase na expressão clara do desejo — no saber aquilo que se quer, no consentimento dado de forma entusiástica, naquilo a que Lola Olufemi chama «o rosto feliz do consentimento» — encobre outra questão essencial: a quem pertence o *sim* relevante? A sexualidade das mulheres negras ainda é muitas vezes entendida com recurso a fantasias colonialistas e orientalistas de animalidade e exotismo. Os estereótipos racistas sobre mulheres negras como seres hipersexuais têm raízes profundas; Lineu, na sua classificação dos tipos humanos de 1753, definiu as mulheres africanas como «desavergonhadas», e no sul dos Estados Unidos, antes da guerra civil, a violação de mulheres negras escravizadas não era um crime, com o estereótipo de mulheres negras como seres impudicos a deixarem-nas fora do âmbito da lei. Estas ideias tiveram efeitos duradouros. Estudos recentes sobre o comportamento dos jurados nos Estados Unidos sugerem que as pessoas têm maior tendência a acreditar na culpa do atacante de uma mulher branca do que na culpa do atacante de uma mulher negra. A perceção de que as mulheres negras dizem sempre que sim ao sexo deixa-as em situações desagradáveis: um «não» tem menos probabilidade de ser escutado como um «não», e o «sim» é presumido. Se o desejo da mulher é visto como uma confirmação do que já se presumiu, então as suas próprias afirmações sobre o seu desejo são irrelevantes. Isto significa, por sua vez, que o sexo nunca pode ser violência, que a violação é impossível. Se um «não» é insignificante, como pode um «sim» ser relevante? E como é que a insistência na expressão enfática do desejo serve as mulheres cujos «sins» e «nãos» são esvaziados de sentido?

Como resistir ainda às invocações racistas do desejo sexual das mulheres negras sem abafar aquela que pode ser uma expressão crucial e radical desse desejo? Como ter na mira a justiça, pergunta adrienne maree brown, sem renegar o prazer? Joan Morgan argumentou que, dada a abundância de estereótipos desumanizantes, é crucial que as mulheres negras rebatam uma desconsideração pelo seu engajamento com o prazer. Numa análise da canção *Formation*, de Beyoncé, Kehinde Andrews escreveu: «Quase me escapou por completo o posicionamento político, embrulhado na sexualização *bootylicious* das mulheres negras que nos acostumámos a esperar de Beyoncé.» Para Andrews, o corpo sexual obscurece necessariamente qualquer mensagem política. Se os corpos das mulheres negras foram historicamente sexualizados, deverá uma mulher negra evitar usar ou exibir a sua sexualidade no seu trabalho? Deve o corpo feminino — os seus prazeres, poderes e dores — permanecer quiescente ou ausente ante um passado e presente racistas? Estamos perante um grande dilema.

Diante destes factos sórdidos, que opções restam às mulheres — as mesmas mulheres a quem se aconselha, num tom incansavelmente animador, que conheçam e expressem os seus desejos sem vergonha? Para que serve toda esta expressão de positividade e confiança, os mandatos de se saber o que se quer e o dizer? (Afinal de contas, devemo-lo a nós próprias!) Como observa a teórica feminista Sara Ahmed, às vezes «a repetição de sentimentos positivos é sentida como opressiva». Opressiva, porque nega algo crucial: os efeitos penalizantes dos mesmos atos que são cobrados às mulheres em nome do empoderamento feminista. De um modo ou de outro, as mulheres estão perante um dilema.[1] Será que

[1] A preocupação central deste livro é o sexo — e o poder — entre homens e mulheres. Porque são abordados primordialmente os efeitos dos desequilíbrios de poder e das normas rígidas de género sobre o modo como concebemos o sexo e a violência, uma parte do que digo não será apenas relevante para o sexo entre homens e mulheres — e, da mesma forma, será

estamos à procura no sítio errado quando depositamos as nossas esperanças emancipatórias na expressão clara do nosso desejo?

****

Um passeio por qualquer livraria nos dias de hoje revela uma profusão de volumes luminosos e celebratórios que nos lembram a extraordinária resiliência das mulheres perante a injustiça. De Hillary e Chelsea Clinton, *The Book of Gutsy Women: Favorite Stories of Courage and Resilience* reúne histórias de mulheres «com a coragem para enfrentar o *statu quo*, fazer perguntas difíceis e concluir o que tem de ser feito». (Notem-se os ecos perturbadores da insistência pressurosa e fálica de Boris Johnson e Donald Trump em concluir o Brexit, em construir o muro.)[2] Da deputada britânica Yvette Cooper, *She Speaks: The Power of Women's Voices* celebra discursos feitos por mulheres ao longo dos séculos (incluindo os de Theresa May). *Outspoken: 50 Speeches by Incredible Women from Boudicca to Michelle Obama*, de Deborah Coughlin, inclui alguns dos mesmos discursos. Já a deputada

---

igualmente relevante para mulheres cis e trans. Os dilemas específicos que afetam a experiência sexual de pessoas transgénero, bem como daquelas que estão em relações homossexuais/*queer*, encontrarão — assim espero — algum eco e reconhecimento nas dinâmicas aqui exploradas, mas não me cabe a mim explorar a textura fina desses dilemas, e outras pessoas estarão em melhor posição para realizar esse trabalho vital.

[2] *Get Brexit Done* foi um *slogan* utilizado por Boris Johnson durante a campanha às eleições britânicas de 2019. *Build the Wall* refere-se ao projeto de construção de um muro ao longo da fronteira entre México e EUA avançado por Donald Trump durante a campanha às eleições presidenciais de 2016. [N. da T.]

Jess Phillips é a autora de *Truth to Power: 7 Ways to Call Time on BS*. As suas credenciais feministas estão estreitamente ligadas a uma postura de franqueza desafiadora; ela é também a autora de *Everywoman: One Woman's Truth About Speaking the Truth*. Falar sem rodeios parece ser um requisito para qualquer subjetividade feminista digna desse nome; somos mesmo feministas quando não estamos a falar alto e bom som sobre coragem?

Nesta amostra de lançamentos feministas, é possível discernir o que Rosalind Gill e Shani Orgad denominaram como a «cultura da confiança», segundo a qual não são o patriarcado, o capitalismo ou o sexismo institucional arreigado que travam as mulheres em primeiro lugar, mas sim a sua própria falta de confiança — uma falta enquadrada como um assunto inteiramente pessoal. A valorização da confiança como um posicionamento ideológico está presente, por exemplo, em iniciativas como o *plug-in* do Gmail *Just Not Sorry*, que encoraja as mulheres a substituírem expressões como «Peço desculpa por incomodar» ou «Gostaria de saber se...» por fórmulas diretas e assertivas. A cultura da confiança é também evidente no livro lançado em 2013 pela diretora de operações do Facebook, Sheryl Sandberg, com o título *Lean in*; ou nas TED Talks de Amy Cuddy (*Your Body Language May Shape Who You Are*), em que as mulheres são aconselhadas a assumir «atitudes de poder». É suposto estas atitudes reduzirem os níveis de cortisol e incrementarem os de testosterona antes de reuniões intimidantes, entrevistas de emprego ou pedidos de aumento, esferas nas quais se diz por sistema às mulheres que não são suficientemente assertivas.

Agora, encorajar o poder individual e a assertividade das mulheres tornou-se um sinónimo do feminismo. A mulher deve agir por sua própria conta e, ao fazê-lo, ela hasteia simultaneamente a bandeira por todas as mulheres. A confiança é a chave para a realização, promovendo ao mesmo tempo a igualdade e a diversidade. É uma forma de autoaperfeiçoamento que cada mulher deve levar a cabo se quiser ser bem-sucedida e se quiser ter-se em consideração por não ter sucumbido à desigualdade de oportunidades.

A maneira como a cultura da confiança se dirige às mulheres, no tom de uma amiga que torce por nós, exortando a positividade e a autorrealização (tu consegues, miúda!), pode não ser má de todo; e, às vezes, esta conversa galvanizadora consigo própria à frente do espelho da casa de banho pode ajudar. Porém, esta maneira de falar com as mulheres esquiva-se a um problema flagrante: o de que as mulheres são amiúde punidas e criticadas (elas são maliciosas, mandonas, coléricas) precisamente pelas atitudes e comportamentos confiantes e assertivos que lhes pedem para cultivar. Mais ainda, os mandatos de positividade mantêm a vulnerabilidade à distância; apresentam a insegurança ou a falta de confiança como repulsiva, abjeta e vergonhosa — algo que qualquer mulher que se preze não sente ou, pelo menos, não demonstra. Há, nestes modos de discurso, uma insistência quase maníaca na força; envidam-se grandes esforços para apresentar as mulheres como seres quase heroicamente invulneráveis. Sara Ahmed descreve esta «magnificação» da confiança como uma insinuação de que as raparigas são «os seus próprios obstáculos, interpostos no seu próprio caminho». Para usar a fórmula de Gill e Orgad, «se a confiança é o novo *sexy*», então «a insegurança é o novo feio». Será que esta hierarquia de sentimentos é útil?

A retórica do consentimento deve muito à cultura da confiança; demasiadas vezes, ela usa a linguagem do encorajamento e do empoderamento. Diversas formulações jurídicas do consentimento afirmativo e muitas das suas invocações quotidianas reconhecem que o consentimento deve ser contínuo — que os nossos sentimentos podem alterar-se e que podemos mudar de ideias. Mas o impulso retórico de grande parte da cultura do consentimento — os conselhos bem-intencionados, as injunções e advertências — desconfia da hesitação, privilegiando um autoconhecimento robusto sobre o desejo e a capacidade para a sua expressão verbal. Ao incentivar as mulheres a serem claras e confiantes na expressão do seu desejo sexual («é o nosso dever para connosco mesmas!»), a cultura do consentimento — tal como o feminismo da confiança — corre o risco de negar ilusoriamente o facto de as mulheres serem com frequência punidas pelas mesmas atitudes sexualmente assertivas que as incitam a encarnar. Mais do que isso, a retórica do consentimento não permite a ambivalência e arrisca tornar inadmissível — na verdade, perigosa — não só a dificuldade de expressar o desejo, mas também, acima de tudo, a experiência de não saber o que queremos.

O consentimento afirmativo surgiu em contextos jurídicos e populares nos anos 1990, com o início, especialmente nos Estados Unidos, de uma alteração da ênfase atribuída à força e à resistência na lei da violação. Sem uma noção afirmativa de consentimento, a ausência de um «não» poderia ser considerada um indicador deste último. O consentimento era presumido até ser retirado, e o ónus tendia a ser atribuído à mulher, que o deveria retirar e provar a sua recusa em tribunal. Se ela não tivesse dito «não» claramente, ou se não tivesse oferecido resistência — apesar do efeito paralisador do medo —, a sua queixa teria pouco fundamento; afinal de contas, ela não dissera que não.

A ideia de que as mulheres são relutantes em relação ao sexo e precisam de ser convencidas a fazê-lo contribui para a ênfase dada ao «não». Quando Bill Cosby admitiu ter adquirido *quaaludes*[3] para dar às mulheres com quem queria fazer sexo, talvez da mesma forma que um homem pagaria uma bebida a alguém, uma das reações foi a contestação por ter sido usada a expressão «fazer sexo com» em vez de «violar». Mas, para homens como Bill Cosby, o sexo *é* algo em que as mulheres não participam de boa vontade; algo para o qual elas têm de ser persuadidas ou coagidas — e é algo que os homens fazem *às* mulheres. A relutância das mulheres — o seu recato, talvez a sua vergonha — tem de ser vencida, e é com álcool, comprimidos e persuasão que isso se faz.

Antes da ascensão do consentimento afirmativo, as campanhas de prevenção da violação foram dominadas pelo *slogan* «não é não», enfatizando o respeito pelas recusas sexuais. Como Mithu Sanyal sugere no livro *Rape*, quando o movimento das mulheres cunhou este *slogan* nos anos 1970, o objetivo era rebater uma longa tradição que via o «não» como um convite recatado à persuasão de pendor erótico. As feministas pretendiam que os homens, e a cultura em geral, levassem o «não» a sério, que lhe dessem crédito. «Não é não» era, obviamente, um *slogan* crucial e galvanizador, dirigido a um problema bem real. Mas o papel que atribuía às mulheres no sexo era, acima de tudo, o da recusa.

O consentimento afirmativo foi uma mudança importante de ênfase. Com este, o feminismo e a cultura popular começaram a destacar a *concordância* em fazer sexo e a

---

[3] Um dos nomes comerciais da metaqualona, um fármaco sedativo. [N. da T.]

importância do «sim». O consentimento afirmativo requer um indicador não forçado, verbal ou não verbal, para que a atividade sexual seja considerada não criminosa. Como tal, é reconhecida a necessidade de algum tipo de mutualidade e participação igual entre parceiros sexuais, bem como a necessidade de se respeitar a tomada de decisão sexual de outra pessoa. No livro de 2008 intitulado *Yes Means Yes! Visions of Female Sexual Power and a World Without Rape*, Jaclyn Friedman e Jessica Valenti escreveram que queriam explorar «como tornar o mundo mais seguro para que as mulheres possam dizer "não" *e* "sim" ao sexo conforme nos apetecer». O seu trabalho encapsulou um alargamento do debate, passando do direito a recusar sexo ao direito de desejar sexo, de dizer que sim ao sexo e mesmo de pedir sexo — tantas vezes, entusiasticamente.

O consentimento afirmativo revelou-se extraordinariamente fraturante. No final dos anos 1980 e início dos anos 1990, quando as ativistas tentavam alterar a mentalidade coletiva, a ansiedade mediática fixava-se sobretudo na «violação em encontros» [*date rape*] ou «violação por conhecidos». Em 1993, a Diretriz de Prevenção de Crimes Sexuais divulgada pelo Antioch College, uma pequena faculdade de artes liberais norte-americana, causou furor. Redigida por alunas consternadas ao saberem da ocorrência de violações num *campus* que se orgulhava da sua inclusividade progressista, a diretriz estipulava que o consentimento consistia em perguntar verbalmente e conceder ou negar verbalmente o consentimento para todos os níveis de comportamento sexual. O consentimento tinha de ser contínuo e era obrigatório independentemente da relação entre os parceiros, da sua história sexual anterior ou da atividade em curso.

Além disso, não podia ser dado por alguém que se encontrasse em estado de embriaguez.

A diretriz foi ridicularizada sem piedade, com um infame segmento humorístico do *Saturday Night Live* a fazer alegremente troça do conceito de *date rape* e a parodiar uma visão do sexo macambúzia e contratual, com os membros do elenco a perguntarem: «Posso elevar o nível de intimidade sexual apalpando as tuas nádegas?» O *The New York Times*, embora solidário com os objetivos da diretriz, repreendeu a visão do Antioch College, acusando-a de «legislar os beijos». Em resposta, a diretora do programa de prevenção dos crimes sexuais em Antioch escreveu: «Não estamos a tentar reduzir o romance, a paixão ou a espontaneidade do sexo; estamos a tentar reduzir a espontaneidade da violação.»

Os debates não se ficaram pelo consentimento. No mesmo ano, Katie Roiphe publicou *The Morning After: Sex, Fear, and Feminism*, recebido com grande cobertura mediática e controvérsia. O seu foco estava sobretudo direcionado para as campanhas antiviolação travadas pelas universidades da Ivy League — ela fora estudante de licenciatura em Harvard e aluna de doutoramento em Princeton. Roiphe argumentava que estas campanhas projetavam a imagem retrógrada das mulheres que as primeiras feministas tinham contestado com sucesso: uma imagem das mulheres como seres vulneráveis, inocentes e timoratos. Ela denunciava aquilo que considerava ser um alarmismo sobre homens predatórios e regras incendiárias sobre a etiqueta sexual correta — avisos terríveis dados às alunas recém-chegadas, instigando-as a «comunicar os seus limites de forma clara» e a «pensar cuidadosamente antes de se dirigirem ao apartamento ou dormitório de um amigo do sexo masculino». «Agora, em vez da libertação e libido, a ênfase centra-se no trauma e na doença», escreveu Roiphe. As marchas «Recupera a Noite» [*Take Back the Night*], que incluíam com frequência mulheres a falarem abertamente sobre experiências de violência sexual, destinavam-se a celebrar e a impulsionar a força das mulheres. Porém, Roiphe acreditava que elas pareciam antes celebrar a vulnerabilidade. As marchantes pareciam «aceitar, e até mesmo abraçar, a capa da condição de vítimas».

A posição de Roiphe era controversa; *The Morning After* tornou-se um para-raios nas revigoradas guerras sexuais entre as feministas dos anos 1980 a respeito da pornografia. Estas tenderam a resumir-se à questão de saber se as mulheres precisavam de uma proteção afoita perante a violência masculina, ou se o feminismo deveria antes enfatizar o desejo (talvez, igualmente perverso) e a agência das mulheres. Até aos dias de hoje, o nome de Roiphe faz erguer muitos sobrolhos dentro dos círculos feministas.

Estes debates reacenderam-se mais recentemente, depois da carta redigida pelo Presidente Obama em 2011, com o título «Caro Colega». Nela sublinhava-se que as universidades e as faculdades beneficiárias de financiamento público tinham a obrigação de cumprir a legislação antidiscriminação Title IX. A carta recordava às universidades que o assédio e a violência sexual se enquadravam na discriminação sexual, enquanto fenómenos que comprometiam a capacidade de as mulheres acederem a um ambiente livre de discriminação para a sua educação. Uma nova burocracia do sexo, como foi designada por alguns críticos, criou raízes nas universidades norte-americanas, com vários Estados a promulgarem leis que obrigavam as universidades públicas a adotarem critérios de consentimento afirmativo: um parceiro sexual deve obter a concordância consciente e voluntária. O ato sexual é sobre o «sim», e não apenas sobre o «não»;

é sobre a concordância, e não apenas sobre a ausência de recusa.

A crítica Laura Kipnis partiu do ponto em que Katie Roiphe ficara. Em *Unwanted Advances*, publicado em 2017, Kipnis argumentou que as diretrizes de consentimento afirmativo e as investigações no âmbito da legislação Title IX haviam conduzido a uma cultura de desamparo e vitimização nos *campi* das universidades norte-americanas. As mudanças na cultura sexual estariam a «fazer entrar as versões mais restritas da feminilidade tradicional pela porta dos fundos», levando à «histeria oficialmente sancionada» e à «paranoia coletiva». A cultura do consentimento no *campus* infantilizava os estudantes, argumentava Kipnis, e encorajava as mulheres a verem-se como seres essencialmente vulneráveis à predação de homens e professores malignos.

À semelhança de Roiphe, Kipnis defendia que esta cultura sexual representava erradamente as mulheres como seres não desejantes e não sexuais, tendo de ser «monitorizadas» em permanência (que outra coisa poderia significar a exigência do consentimento para cada etapa de um relacionamento sexual?). Porque não podiam estas mulheres simplesmente dizer o que queriam e fazer o que era necessário para o obter? Segundo este argumento, o feminismo passara décadas a desfazer as restrições impostas aos desejos das mulheres; nesse caso, o que haveria de progressista numa cultura sexual que via as mulheres como meninas tímidas, facilmente assustadiças, incapazes de manter o seu posicionamento, a precisarem de ser levadas pela mão por amantes e figuras de autoridade? Em 1993, Roiphe escrevera que estas instituições veriam os seus esforços sair pela culatra: «As flores de estufa murcharão à luz do dia pós-faculdade.» Kipnis estava de acordo com «a imagem das flores murchas»; as mulheres precisavam de ser robustecidas, e não apaparicadas.

Kipnis não se enganou por completo no que dizia respeito à questão burocrática: os procedimentos da Title IX podem ser imperfeitos, funcionando como tribunais de justiça ao mesmo tempo que retiram aos arguidos o direito a um advogado ou falhando na notificação clara das acusações contra alguém, por exemplo. Seja como for, Betsy DeVos, secretária da Educação no governo de Donald Trump, revogou a orientação Title IX de Obama em 2017. (O Reino Unido não tem uma política coordenada respeitante ao assédio nas universidades que seja comparável.) Mas o uso que nomes como Roiphe e Kipnis dão às suas apreensões sobre a cultura do consentimento em *campi* é revelador. Elas reconhecem as injustiças e os maus-tratos com que as mulheres deparam, mas sugerem que a solução reside numa figura idealizada: a mulher forte capaz de ultrapassar tudo, a que consegue desdramatizar os maus-tratos e ser mais dura; a que consegue, com franqueza, ser menos como um bebé. Por outras palavras, as suas críticas expressam na perfeição um feminismo da confiança.

Para estas comentadoras, as mulheres «crescidas» sabem como seguir em frente perante os inevitáveis altos e baixos do sexo, em vez de apregoar que foram agredidas. A figura do «mau sexo» desempenha um papel importante nestes debates. As jovens mulheres são encorajadas, segundo Kipnis, a socorrerem-se de medidas burocráticas «para remediar ambivalências sexuais ou experiências sexuais embaraçosas». Para ela e as suas congéneres, o sexo, «mesmo quando é mau (como acontece muitas vezes)», afigura-se «ainda assim educativo». A jornalista Bari Weiss expressou um posicionamento similar na sua reação às acusações levantadas contra o comediante Aziz Ansari em 2018. As acusações, publicadas num relato do website babe.net, causaram furor (não é despiciendo o facto de a publicação aparentemente precipitada da história ter descurado os métodos jornalísticos tradicionais, tal como conceder a Ansari o direito de resposta). «Grace» (um pseudónimo) contou que se sentiu pressionada a fazer sexo e que tentou dar sinais — verbais e não verbais — de que não estava interessada, alegando que estes foram várias vezes desrespeitados por Ansari. Para muitas pessoas, a sua história ressoou como um exemplo do sentimento de superioridade e impaciência de um homem, decidido a obter sexo, com pouco interesse pelo prazer da mulher (ou talvez mesmo pelo seu próprio prazer?). Para outras pessoas, Grace estava à espera de que Ansari fosse capaz de ler os pensamentos e não tornara claros os seus desejos e a sua insatisfação: ela não dissera que sim entusiasticamente e tão-pouco dissera claramente não. Existe, escreveu Weiss, «um termo aplicável ao que esta mulher experienciou na sua noite com Ansari. Chama-se "mau sexo". É uma chatice.»

Weiss reconheceu que as mulheres eram socializadas para «pôr os desejos dos homens à frente dos seus». Mas a solução para este problema não era, no seu entender, ter rancor dos homens «por não compreenderem as suas "pistas não verbais"». A solução era que as mulheres fossem mais verbais. Era dizer «isto é o que me excita». Ou «não quero fazer isso». Weiss admoestou Grace de dedo em riste: «Se ele te pressiona a fazer alguma coisa que não queres, diz uma asneira, põe-te de pé com as tuas duas pernas e sai da casa dele.» Nos mesmos moldes, Kipnis lamentou, no *podcast Public Intellectual* de Jessa Crispin, o facto de as estudantes «não conseguirem ultrapassar» trinta segundos ou quinze minutos de mau sexo. E Meghan Daum escreveu no *The Guardian* sobre a discrepância entre o apoio público de muitas mulheres ao movimento #MeToo e as suas conversas privadas. «*Cresce, isto é a vida real*, é o que ouço estas feministas a dizer.» Há aqui fortes referências a um contraste entre crianças fracas e feridas *versus* mulheres crescidas e confiantes, e não há dúvida de quem é que é presumido querermos ser.

Este é um feminismo em que cada mulher tem o dever de ser assertiva e confiante, e no qual, acima de tudo, não podemos ser vistas como seres feridos ou magoados. Com efeito, o simples facto de nos sentirmos feridas já é um sinal de fraqueza neste regime de capacidade individual. Mais: o mau sexo é enquadrado como um aspeto inevitável da paisagem, um facto brutal e inultrapassável que as mulheres têm de contornar. São audíveis ecos do editorial publicado pelo *The New York Times* a propósito da política de consentimento em Antioch nos anos 1990: a adolescência, e em particular os anos passados na universidade, afiançava o *The New York Times*, é «um tempo para a experimentação, e esta significa cometer erros»; nenhuma diretriz poderia alguma vez «proteger todas as jovens daquelas horríveis manhãs do dia seguinte», momentos com os quais «as pessoas aprendem».

O enunciado evasivo salta à vista. Quem paga o preço por esta visão pueril e nostálgica da inabilidade adolescente? Quem aprende o quê? Para quem é mau o sexo mau, e de que formas? Sabemos que as mulheres pagam um preço bem mais alto do que os homens pela atividade sexual, seja pelo risco de gravidez, reprovação de conduta [*slut-shaming*] ou pela dualidade de critérios. O prazer também não é igualmente distribuído: vários estudos documentam uma discrepância significativa entre homens e mulheres no que diz respeito ao prazer sexual e satisfação; as mulheres experienciam desproporcionalmente mais dificuldades sexuais, dor e ansiedade.

Elas reportam menos satisfação na sua última relação sexual, bem como ao longo da vida; e, enquanto 90 por cento dos homens atingem o orgasmo durante o sexo, apenas 50 a 70 por cento das mulheres o alcançam. Numa pesquisa liderada por Debby Herbenick, em 2015, verificou-se que 30 por cento das mulheres experienciam dor durante o sexo vaginal e 72 por cento durante o sexo anal. As expectativas das mulheres são, além disso, desconcertantemente baixas; em 2018, Herbenick disse à jornalista Lili Loofbourow que, quando falam em «sexo bom», as mulheres tendem a referir-se à ausência de dor, enquanto os homens se referem à obtenção do orgasmo.

Ademais, a violência afeta desproporcionalmente as mulheres. Uma em cada cinco mulheres sofre uma violação ou tentativa de violação ao longo da sua vida, e um terço dos parceiros íntimos exerce violência física contra as mulheres; estes números aumentam significativamente no caso das mulheres negras. Um estudo com mulheres no primeiro ano de faculdade nos Estados Unidos revelou que uma em cada seis fora vítima de uma violação ou tentativa de violação até ao final do seu primeiro ano, muitas vezes enquanto se encontrava em estado de grande embriaguez ou incapacitada. Muitas destas mulheres haviam experienciado uma situação em que alguém as tentou penetrar vaginalmente, oralmente ou analmente quando elas tinham indicado que não queriam fazer sexo. Nem todas elas descreveram esta experiência como agressão sexual. Tendo conversado com várias mulheres que tiveram este tipo de experiências, Vanessa Grigoriadis escreve em *Blurred Lines* que «elas simplesmente acordaram seminuas e não se lembravam de nada a não ser de fazerem o pino em cima de barris de cerveja ao som de músicas da Taylor Swift. Elas não sabem bem o que lhe chamar.»

Mas talvez tudo isto seja apenas uma aprendizagem? Talvez tudo isto sejam os erros inevitáveis e embaraçosos da juventude?

Críticas como Kipnis e Weiss apresentam-se como progressistas ao insistirem que as mulheres podem e devem exercer o seu poder e agência: elas incentivam as mulheres, afinal de contas, a «pôr-se de pé com as suas duas pernas». E, contudo, ao acenarem na direção da inevitabilidade do mau sexo juvenil, elas põem sobre as *mulheres* o fardo desigual da gestão dos riscos no sexo. Tratam o desprezo masculino pelo prazer e autonomia das mulheres como um facto inevitável, ao mesmo tempo que encaram as manobras que as mulheres utilizam para o contornar como um imperativo — e reservam o seu desdém para as mulheres que não reagem com a devida coragem. «Ontem à noite, eu deveria ter sido preso», gabam-se vários homens na faixa etária dos estudantes universitários ao serem entrevistados por Vanessa Grigoriadis sobre consentimento. Peggy Orenstein observa que os jovens falam em «destruir» mulheres, em «as rasgar», em «dar cabo» delas. Um grupo de estudantes da Universidade de Warwick trocou uma sequência de mensagens coletivas, com piadas sobre a violação em grupo e a mutilação das suas colegas de turma e amigas (a universidade foi alvo de duras críticas em 2019 por confiar a investigação do caso a um assessor de imprensa). Uma parte disto pode ser fanfarronice; rapazes a falar com outros rapazes de uma maneira que as raparigas não conseguem entender, com a agressão simbólica dirigida às mulheres a ser usada para validar a heterossexualidade. Mas o que retiram as próprias mulheres desta conversa sobre mulheres? Se as «pessoas», como afiançava o editorial do *The New York Times* em 1993, aprendem com o mau sexo, serão idênticas as lições aprendidas por homens e mulheres?

É bem provável que os homens aprendam que podem sair impunes ao não se preocuparem com o prazer da mulher e que as mulheres aprendam que devem priorizar o prazer masculino em detrimento do seu próprio prazer e fruição. Quem aprende que o seu papel é adquirir prazer a qualquer custo, e quem aprende que deve sofrer as consequências do sexo a sós?

****

O consentimento é um dado adquirido, o mínimo admissível. E como argumenta Joseph Fischel em *Screw Consent*, o consentimento afirmativo é o critério menos mau para a lei da agressão sexual, comparado com os critérios de violência, resistência ou não-consentimento. Exigir uma indicação mínima, não necessariamente verbal, de concordância positiva em fazer sexo demonstra respeito pela autonomia sexual de uma pessoa e é melhor diapasão do que o silêncio ou a resistência. Mas o consentimento tem um âmbito limitado e é-lhe pedido que suporte um fardo demasiado grande, que defronte problemas cuja resolução não está ao alcance dos seus meios.

Na sua frustração com o consentimento, a cultura sexual do *campus* e o #MeToo, críticas como Kipnis, Roiphe e Weiss tenteiam confusamente a ideia de que grande parte do sexo consentido, até mesmo do afirmativamente consentido, é mau: mísero, desagradável, humilhante, unilateral, doloroso. O «mau sexo» não tem de configurar uma agressão sexual para ser assustador, ignominioso ou perturbador, e é difícil que um conceito jurídico faça esta distinção. Mas é como se elas estivessem paralisadas por estas conclusões e não conseguissem sondar ou demonstrar grande preocupação pelas dinâmicas que determinam o mau sexo — o sexo que, devido às suas desigualdades no prazer, é um assunto sério, ainda que não seja, estritamente falando, uma agressão sexual.

Em vez de nos resignarmos à inevitabilidade do mau sexo, e até mesmo de o romantizarmos como um mero contratempo juvenil, devemos submetê-lo a um escrutínio permanente. O mau sexo surge a partir das normas de género nas quais as mulheres não podem ser agentes em pé de igualdade do empreendimento sexual e em que os homens têm direito à gratificação a qualquer custo. Ocorre devido à insuficiência e desigualdade no acesso à literacia e educação sexual, bem como a serviços de saúde sexual. Tira partido das dinâmicas de poder desiguais entre as partes e de noções racializadas da inocência e culpa. O mau sexo é uma questão política, de desigualdade no acesso ao prazer e autodeterminação; e é como uma questão política que o devemos examinar, em vez de nos refugiarmos numa crítica individualizadora e indiferente às jovens mulheres que usam os recursos ao seu dispor para tratarem as dores das suas vidas sexuais.

Seja como for, as iniciantes em idade universitária não são as únicas que têm mau sexo, do qual presumivelmente se afastarão. Mulheres de todas as idades fazem sexo que lhes causa infelicidade e medo, e uma narrativa sobre o sexo focada exclusivamente nos estudantes universitários faz que negligenciemos o sexo desagradável, a violência e as agressões sexuais que afetam mulheres em todas as etapas da vida, e talvez em especial aquelas que são socioeconomicamente vulneráveis. Precisamos de uma crítica robusta ao consentimento, não para vilanizar as jovens mulheres sob o pretexto de estarem apegadas à vitimização, mas em solidariedade com todas as mulheres para quem o sexo se pode transformar numa negociação infeliz, numa falsa escolha ou numa necessidade económica por motivos de sobrevivência.

Em 2018, Daphne Merkin escreveu no *The New York Times* que solicitar consentimento antes de prosseguir com uma investida sexual aparenta ser «intrinsecamente canhestro e retrógrado», «despojando o sexo do eros». Esta é a perspetiva comummente expressa segundo a qual o consentimento afirmativo — e a necessidade de o consentimento ser contínuo — torna o sexo abertamente transacional e contratual. Porém, é perigoso descartar com leviandade, em nome do erotismo, o papel dos acordos ou negociações no sexo. Os contratos são cruciais para os trabalhadores do sexo, ou para os que trabalham em pornografia, por exemplo, para quem a negociação de limites é determinante na gestão dos riscos inerentes ao trabalho. Da mesma forma, os indivíduos que praticam sexo BDSM valem-se de acordos e contratos para mitigar os riscos acrescidos de danos e dor. Quando se brinca com o fogo, ou com pinças e cera, uma abordagem contratual pode ser vital.

Porém, muitas pessoas recuam perante a ideia de que os acordos, os contratos e as transações podem desempenhar uma função no sexo, precisamente porque isto faz que o sexo se pareça mais com um trabalho, ou parece implicar a aceitação de que o sexo (remunerado ou não) é, com frequência, um intercâmbio desigual de riscos. Por outras palavras, acentua os desequilíbrios respeitantes ao risco e danos.

Há, pois, quem se horrorize com os ecos contratuais do consentimento porque estes conjuram as desigualdades. Outras pessoas, no entanto, ficam horrorizadas com o consentimento afirmativo, pois este ainda representa o sexo como algo que o homem quer e com o qual uma mulher concorda ou recusa ceder. Posiciona o sexo como um objeto com o acesso policiado pelas mulheres. Afinal de contas, o consentimento — até mesmo o consentimento afirmativo — é ainda consentimento à proposta de outra pessoa. Posso fazer isto? Sim, podes fazer isso. Esta estrutura reflete as piores normas heterossexuais; Connell Barrett, um célebre especialista em relacionamentos, escreveu que «a função do homem é a de intensificar e liderar a interação, enquanto a função da mulher é dizer *sim* ou *não*». Em *Rethinking Rape*, Ann Cahill observou com ironia que, se o casamento e o sexo fossem experiências vistas pelas mulheres como apelativas e desejáveis, «não falaríamos sobre o consentimento das mulheres, mas antes sobre o seu desejo». Há quem resista aos princípios da cultura do consentimento, porque estes preservam os traços desta imagem unilateral do desejo e agência sexual.

De resto, a própria cultura do consentimento tem consciência destes problemas e incorporou-os na sua retórica. A noção de um consentimento, não só afirmativo, mas também «entusiástico», pretende subir o nível na cultura sexual; não queremos apenas que as mulheres concordem com o sexo iniciado pelos homens, mas que elas próprias queiram sexo, que se sintam empolgadas por ele e que circulem no mundo com os seus próprios desejos e procura. A consequência é a expansão do consentimento afirmativo em direção a algo mais ambicioso: o desejo, o prazer, o entusiasmo e a positividade.

Mas o problema do consentimento não é que o sexo nunca deva ser contratual — a segurança dos trabalhadores do sexo assenta precisamente na noção de contrato e na possibilidade da sua violação, para que seja viável conceber uma situação em que eles foram agredidos sexualmente.[4] Tão-pouco

---

[4] Além disso, se consentir em fazer sexo requer também o desejo ou o

se trata de o consentimento ser pouco *sexy* ou nada romântico. O problema é que a fixação no consentimento como *a* regra para o nosso modo de pensar sobre o sexo — o facto de estarmos «magnetizados» por ele, como explica Joseph Fischel — ignora um aspeto crucial inerente a ser-se uma pessoa: o de que os indivíduos não possuem relações de poder iguais entre si. A fixação no consentimento como o quadro de referência abrangente para pensarmos sobre o bom e o mau sexo equivale a agarrarmo-nos à fantasia do liberalismo, na qual, para usar a fórmula de Emily A. Owens, «a igualdade simplesmente existe».

Muito sexo consentido pelas mulheres não é desejado, porque elas concordam em fazê-lo sob coação, ou por uma necessidade de garantir alimento e roupa para si e para a sua família, ou para se manterem seguras. Todos os dias, mulheres em toda a parte concordam em fazer sexo porque sentem que não têm escolha; porque estão em dívida para com um homem; porque ele as ameaçou; porque ele pode fazê-las sofrer, demitindo-as, despejando-as da sua casa, denunciando a sua situação imigratória, acusando-as de um crime (tal como o trabalho sexual nos lugares onde esse trabalho é criminalizado; o agente da polícia Daniel Holtzclaw fez precisamente isto em Oklahoma, selecionando como alvo e agredindo sexualmente várias mulheres afro-americanas que faziam trabalho sexual ou com mandados e registos criminais pendentes). Várias leis de consentimento requerem que o consentimento seja livre, mas a verdade é que as mulheres

---

entusiasmo, isto implica que quem consente em fazer sexo sem desejo — os trabalhadores do sexo, por exemplo — não consentiu *realmente*. Isto torna o desrespeito pela sua concordância — a sua violação — insignificante, o que, por sua vez, dificulta a proteção dos trabalhadores do sexo.

frequentemente concordam em fazer sexo que prefeririam não ter, por medo das consequências. É crucial manter a distinção entre consentimento e entusiasmo, precisamente para que possamos descrever o que acontece nestas dinâmicas de poder desigual.

Relações de poder desiguais sugerem que o consentimento por si só não pode fazer a distinção entre bom e mau sexo, embora possa, num sentido estrito, fazer a distinção entre sexo e agressão sexual. O consentimento pode ser *sexy*, dizem-nos repetidamente — uma insistência que poderá muito bem ter surgido a partir das críticas que o ridicularizavam como desmancha-prazeres. Deve ser exercido como parte do vaivém espirituoso da negociação sexual; pode, como aconselhou o website xojane.com, «ser incluído nos preliminares, transformado numa parte integrante de uma relação sexual à medida que os parceiros trocam gracejos, provocações e monitorizam entre si o que vão (ou não vão) fazer».

No entanto, isto só funciona se assumirmos um certo tipo de parceiro, um que esteja plenamente comprometido com o direito de uma mulher a ter desejos incertos ou cambiáveis. Tudo depende de a mulher sentir que tem a opção de recusar — algo que não se circunscreve à questão legal da coerção. Tudo depende, entre outras coisas, de saber se o homem com quem ela está é capaz de ouvir um «não»; se é capaz de negociar sem abusar da sua provável superioridade física; se não abusa do poder social mais elevado que exerce sobre ela; se não abusa da informação de que as mulheres raramente denunciam uma agressão sexual e que as probabilidades estão contra elas se o fizerem. Quando ele pede consentimento, mantém-se aberto à possibilidade de ela dizer que não? Conseguirá ele admitir um «não»? Irá ele exaltar-se, ignorar, tentar convencê-la, bajulá-la, intimidá-la ou puni-la?

Qualquer modelo de consentimento pode revelar-se inútil se um homem não estiver aberto ao «não» da sua parceira sexual, ou à alteração dos seus desejos, e se ele reagir a qualquer uma destas coisas com a raiva nascida da humilhação. Uma mulher pode sair de uma relação sexual sentindo-se justificadamente maltratada, enquanto ele se sente protegido por saber que «obteve» o consentimento. Ele perguntou, ela disse que sim.

Nada disto significa, é claro, que devemos descartar o consentimento. Mas este não pode suportar o peso de todos os nossos desejos emancipatórios; devemos ser claros em relação aos seus limites. O consentimento — a concordância em fazer sexo — não deve ser aglutinado com o desejo sexual, a fruição ou o entusiasmo, não porque nos devemos resignar ao mau sexo, mas precisamente porque não nos devemos resignar. Que as mulheres experienciem tanto sexo causador de infelicidade é uma questão profundamente social e política. O consentimento não pode resolvê-la por nós.

* * * *

Em 1996, o *single* *Wannabe* das Spice Girls alcançou o número um de vendas em mais de trinta países. O videoclipe mostrava as cinco raparigas — Sporty, Scary, Baby, Ginger e Posh — a causarem alegremente o caos num bastião da arquitetura britânica oitocentista (o imponente hotel com a fachada de tijolos vermelhos em Saint Pancras, Londres). Elas beijavam homens desprevenidos e irrompiam a dançar de forma provocante numa refinada festa de elite, ao mesmo tempo que cantavam o seu hino à amizade feminina e à lealdade — as suas insistentes poses de confiança despudorada a contrastarem estranhamente com a própria música, por sinal, uma cantilena infantil, quase ao estilo de uma canção de embalar.

As Spice Girls foram uma criação de executivos do mundo da música que pretendiam formar o equivalente feminino às grandes *boybands* da época (Take That, East 17, The Backstreet Boys), e a sua imagem de marca era uma mistura impecável do estilo da rapariga da casa do lado com uma afirmação performativa do «poder feminino». O «poder feminino» era uma ideia proficuamente vaga: numa entrevista, Geri Halliwell disse que Margaret Thatcher fora «a primeira Spice Girl, a pioneira da nossa ideologia».

O grupo ilustra de forma engenhosa o pós-feminismo dos anos 1990, um antecessor do feminismo da confiança atual. O pós-feminismo era a visão de que o feminismo alcançara os seus objetivos, vistos sobretudo como económicos, e já não precisava de se preocupar ansiosamente com a sexualidade. O pós-feminismo fetichizava um novo tipo de visibilidade para as mulheres, na qual elas «tomavam a dianteira», para usar a fórmula da socióloga Angela McRobbie, como agentes de poder económico e social. Raparigas sorridentes exibindo os seus brilhantes exames finais com nota vinte apareciam frequentemente em destaque na imprensa britânica, como também raparigas que montavam os seus próprios negócios e os números recorde de mulheres que se tinham tornado deputadas ou CEO.

Esta foi a década do triunfo do Novo Trabalhismo no Reino Unido e de uma reinvenção (embora um pouco forçada) da imagem nacional e internacional da Grã-Bretanha como *cool*, desenrascada e vanguardista. Foi a era em que uma revigorada e atrativa política de centro-esquerda se fundiu com a Britpop e uma campanha de publicidade inovadora num *cocktail* inebriante e esperançoso — Noel Gallagher numa festa em Downing Street; a Ginger Spice envergando um minivestido com a bandeira do Reino Unido; Eva Herzegovina a descer o olhar para os seus seios apertados num Wonderbra, com um ar cúmplice. O anúncio do Wonderbra (dirigido pela mesma agência responsável pela campanha publicitária que introduziu o acrónimo FCUK da French Connection UK e pelos cartazes dos *Tories* nas eleições de 1997) foi uma imagem central para o pós-feminismo. Para McRobbie, o anúncio invocava vivamente um passado serôdio; em destaque, uma mulher que convocava a sua própria objetificação, regozijante, provocando de forma deliberada os seus previsíveis críticos, com a cumplicidade de todas as pessoas.

Contudo, as jovens mulheres neste período puderam, segundo McRobbie, «tomar a dianteira contanto que o feminismo ficasse pelo caminho». E as jovens mulheres que estavam sob os holofotes da cultura popular eram, é claro, de um certo tipo: brancas e ocidentais. Não é por acaso que havia apenas uma mulher negra nas Spice Girls e que ela era conhecida pela alcunha perturbadoramente racista de «Scary». Também não é um acaso que, numa exibição pretensamente encantadora da assertividade e irreverência das raparigas no vídeo da canção *Wannabe*, elas tenham composto o cabelo de um sem-abrigo e roubado o seu boné. Neste período, a imagem de raparigas economicamente poderosas e socialmente bem-sucedidas servia para estabelecer o contraste entre um mundo ocidental supostamente progressista nas questões de género e um «outro» tradicional e opressivo (com frequência, representado pela imagem da mulher islâmica velada).

Não é coincidência que a reformulação do consentimento como afirmativo e entusiástico tenha criado raízes nesta década pós-feminista. O pós-feminismo fazia a defesa da assertividade sexual e da positividade em relação ao sexo — o prazer exuberante retirado de nos vermos como um objeto de desejo e de nos afirmarmos como um sujeito de desejo. Uma mulher que não proclamasse o seu desejo de forma sonora e desafiadora ficava aquém da sua individualidade. Regressava a um feminismo bolorento e frígido, em vez de avançar na direção do sujeito sexualmente emancipado que era o ideal da época, em que um entusiasmo fervoroso pelo sexo constituía um indicador de sucesso, orgulho e poder.

Nesta era do pós-feminismo, a reivindicação absolutamente razoável de que as mulheres deveriam dispor de liberdade sexual — de que deveriam poder enunciar o seu desejo em voz alta, ser perversas, lúbricas e solícitas — resvalou para uma insistência mais questionável na ideia de que as mulheres *são* e *têm de ser* assim. E algum aspeto desta insistência — a ideia de que, em nome da igualdade sexual, as mulheres devem cumprir a sua parte e ser assertivas, loquazes, despudoradas — sobreviveu nas campanhas do consentimento afirmativo e entusiástico. Tanto hoje quanto no passado, vozes críticas — entre as quais se incluem Katie Roiphe e Laura Kipnis — mostraram-se preocupadas com o acanhamento sexual e o medo que a cultura do consentimento conjurava. Proponho antes que a atual retórica do consentimento aproveitou alguns aspetos do posicionamento pós-feminista que via a incerteza sexual e o medo como abjetos, bem como da sua conceção da hesitação sexual como pertencente à história. Para sermos um sujeito sexual contemporâneo e emancipado na cultura do consentimento, é preciso que sejamos capazes de verbalizar os desejos em voz alta e com confiança. Neste aspeto, o silêncio não nos pertence; pertence ao passado e ao abjeto sujeito feminino de outros tempos.

As dicas de segurança para mulheres e as campanhas de prevenção da violação tendiam a representar as mulheres como vítimas de violência sexual por si só, dirigindo-se primeiramente a elas e não aos perpetradores. Já todos vimos os cartazes que encorajam as mulheres a desenvolverem estratégias — evitar beber, não voltar para casa sozinhas à noite — para reduzir as hipóteses de serem violadas. «O álcool é a droga de violação número um: quanto é que já consumiste?», questionava uma brochura da polícia de Belfast em 2015, aconselhando as mulheres a não ficarem «tão embriagadas que não saibam o que estão a fazer». «Fique atenta», lia-se na brochura, «diga *não* a qualquer sexo que não deseje». Claramente, este departamento da polícia tinha feito os trabalhos de casa sobre consentimento: «Faça-se entender», exortava o panfleto.

Este tipo de conselhos retrata a violação como uma força implacável e impessoal, como omnipresente e inevitável — porém, curiosamente, sem ligação aos violadores enquanto indivíduos. Dirige-se individualmente às mulheres como sendo «as próximas na fila», e incentiva, nos termos da estudiosa do risco Rachel Hall, um «receio diligente». As mulheres devem estar em «perpétua preparação» para o inevitável, sendo obrigadas a gerir de forma responsável um risco que simplesmente existe, como um facto imutável.

As militantes feministas contrariam há muito este modo de interpelar as mulheres, com inversões destas táticas a tornarem-se virais nas redes sociais. Porém, como demonstra a brochura, este teima em desaparecer enquanto modo de pensar. E, curiosamente, o discurso do consentimento está mais próximo do discurso da segurança do que gostaria de admitir; também aquele deflete a questão de como prevenir a violação para uma gestão do risco individual das mulheres.

A diferença é que agora a mulher individual a quem este discurso do risco se dirige é um sujeito sexual idealizado e veementemente confiante, uma mulher que se conhece a si mesma, fala de maneira clara e direta, e recusa a sua própria vulnerabilidade. Ela gere o risco através da expressão da sua individualidade. Usa o seu autoconhecimento confiante como uma couraça para a sua proteção; ela afirma a sua invulnerabilidade como uma forma de manter a sua vulnerabilidade à distância.

Isto — a vulnerabilidade — é o cerne da questão. Para as críticas que mencionei anteriormente, a cultura do consentimento apresenta as mulheres como seres vulneráveis e nega a sua agência. Para mim, a retórica do consentimento parte da vulnerabilidade das mulheres à violência — a prevalência da violência contra as mulheres — e tenta torná-las invulneráveis em resposta. O discurso do consentimento reconhece a vulnerabilidade e, ao mesmo tempo, repudia-a: és vulnerável, logo, deves endurecer; és violável, logo, deves moldar-te como inviolável. Deves tornar-te de ferro, impenetrável. A retórica taxativa que incentiva o autoconhecimento sobre o desejo é problemática, não porque retrata as mulheres como vulneráveis, mas porque revela um horror à vulnerabilidade.

Há, é claro, algo de recompensador nesta manobra retórica; aliarmo-nos ao poder, e não à fraqueza, é gratificante. Mas ela também serve uma função protetora, que implica custos dolorosos. Em *Know My Name*, Chanel Miller escreve magistralmente sobre o efeito que a violação teve na sua capacidade para o prazer físico (Brock Turner agrediu sexualmente Miller durante uma festa organizada por uma fraternidade universitária de Stanford em 2015). A violação, diz Miller, «faz que nos queiramos transformar em madeira, duras e impenetráveis. O oposto de um corpo que é suposto ser macio, poroso, suave». Endurecer é, com frequência, uma resposta necessária à violência, ou uma estratégia necessária diante dela. Talvez o medo — o fantasma constante — da violação faça isto também aos nossos pensamentos, às nossas ideias.

Este endurecimento é algo que vozes críticas como Roiphe e Kipnis operam nos seus argumentos. Nas suas críticas à cultura sexual do *campus* e ao #MeToo, elas evitam qualquer proximidade com uma figura que o seu feminismo da confiança representa como intolerável e embaraçosa: a mulher passível de ser magoada. Em *The Morning After*, Roiphe escreveu com impaciência sobre as mulheres que não conseguem pôr um homem «no seu lugar sem chorarem no nosso ombro ou implorarem por ajuda ou aconselhamento.» Aqui, é palpável a sua aversão pela vulnerabilidade, por esta «província lacrimosa de trauma e crise».

Estas análises privilegiam uma mulher idealizada e corajosa que sabe o que quer e consegue anunciá-lo publicamente; uma mulher que consegue pôr de lado os desequilíbrios do poder e do prazer no mundo, acedendo e dando voz ao seu desejo com confiança. Aqui se encontra o paradoxo: tanto a linguagem insistentemente positiva da retórica do consentimento quanto as posições insistentemente desdenhosas destas críticas procedem de um momento pós-feminista e de um feminismo da confiança nos quais a fraqueza ou a insegurança devem ser evitadas a todo o custo; em que a expressão da individualidade e as atitudes atrevidas de confiança são um imperativo, e o autoaperfeiçoamento individual repelirá a violência sexual. A cultura da violação e as respostas que se lhe opõem são privatizadas.

Mas é possível, às vezes, ter vislumbres da complexidade por trás da couraça. Em *The Power Notebooks*, publicado em 2020, Roiphe examina a dinâmica que aqui refiro na sua própria escrita e vida pessoal. Embora não seja uma retratação das suas perspetivas anteriores (Roiphe reiterou muitas das preocupações presentes na sua crítica de 2018 ao #MeToo), o livro explora o que não foi dito na primeira obra: a sua própria «escalada» até ao poder e a ardente necessidade de *não* ser a mulher vulnerável que projetava nas figuras amedrontadas à sua volta. «As coisas que eu escrevia quando tinha 20 anos não eram mentiras», confessa a autora, «eram desejos». A força e a vulnerabilidade, como Roiphe parece ter reconhecido, não são um jogo de soma zero.

****

Numa entrevista de 2020, Donna Rotunno, a advogada que defendeu Harvey Weinstein em julgamento, afirmou que «as mulheres precisavam de ser muito claras sobre as suas intenções» e «de estar preparadas para as circunstâncias em que se encontravam». De igual modo, o discurso do consentimento incentiva as mulheres a conhecerem os seus desejos antes do sexo, a «saberem o que querem e o que o vosso parceiro quer». Quão útil é este mandato de autoconhecimento? Na realidade, a quem serve? Que tanto a advogada de Weinstein quanto os defensores do consentimento nos incentivem ao autoconhecimento deve fazer-nos parar para pensar.

«Uma mulher, diante dos avanços sexuais do homem com quem marcou um encontro», escreveu o estudioso jurídico Nicholas J. Little num artigo de 2005 em defesa do consentimento afirmativo, «poderá tanto querer ter relações sexuais como não querer ter relações sexuais.» Porém, uma mulher

— uma mulher como a Rapariga X ou Grace, ou talvez como a leitora ou como eu — pode não estar numa situação em que quer ou não quer fazer sexo; ela pode flutuar entre estas duas posições rígidas. Nem sempre começamos pelo desejo; nem sempre o desejo está lá para que o conheçamos. Mais uma vez, a regra do consentimento não é suficiente para pensarmos sobre sexo, porque ela encobre algo cujo reconhecimento é crucial: o facto de nem sempre sabermos o que queremos.

Quando é que adquirimos a ideia de que sabemos o que queremos, seja no sexo ou em qualquer outro campo? A retórica do consentimento implica demasiadas vezes que o desejo é algo que está à espreita, integralmente formado dentro de nós, pronto a ser extraído. Contudo, os nossos desejos emergem em interação. Nem sempre sabemos o que queremos; às vezes, descobrimos coisas que não sabíamos que queríamos; às vezes, descobrimos o que queremos apenas quando nos pomos a fazê-lo. Esta ideia — a de que nem sempre sabemos o que queremos e nem sempre podemos dizê-lo — deve ser adicionada à ética do sexo ao invés de ser posta de lado como uma inconveniência.

Outra razão-chave para que o consentimento não possa suportar o peso que depositamos sobre ele é, pois, a sua insistência numa condição irrealizável para o prazer e a segurança das mulheres. O desejo é incerto e uma revelação, e isto é desconcertante. É desconcertante, porque abre a possibilidade de as mulheres não se conhecerem por completo e de os homens tirarem proveito dessa ausência de certeza exercendo violência ou intimidando-as. Sendo assim, devemos então negar este aspeto do desejo? Não me parece. Não devemos insistir num desejo sexual fixo e conhecido de antemão para ficarmos seguras. Isso seria tornar a sexualidade refém da violência.

Nem sempre sabemos o que queremos e nem sempre somos capazes de expressar os nossos desejos com clareza. Isto deve-se, em parte, à violência, misoginia e vergonha que dificultam a descoberta do desejo e tornam a sua expressão tensa. Mas é também da natureza do desejo ser social, emergente e responsivo — ao contexto, às nossas histórias e aos desejos e comportamentos de outros. Somos criaturas sociais; e os nossos desejos sempre surgiram, desde o primeiro dia, na relação com aqueles que cuidam ou não cuidam de nós. O desejo nunca existe de forma isolada. É também isto que torna o sexo potencialmente empolgante, valioso e significativo. Como transformamos isto num facto galvanizador, e não num facto que nos paralisa?

Os comentadores da «nova» conjuntura do sexo e do consentimento questionam-se frequentemente num tom lamuriento sobre o porquê de se esperar que os homens sejam capazes de «ler a mente de uma mulher» no que diz respeito ao sexo. A minha pergunta é distinta: porque é que se pede às mulheres que tenham a certeza daquilo que querem, quando ter a certeza daquilo que se quer é um objetivo tão pouco fidedigno? O autoconhecimento não é uma característica regular da sexualidade feminina, nem da sexualidade em geral; na verdade, não é uma característica regular quando se é uma pessoa. Defender o contrário é catastrófico e é um pressuposto que tem sido admitido há demasiado tempo, em detrimento de conversas sobre o prazer, a fruição, a autonomia e a segurança. Se queremos que o sexo seja bom de novo em breve — ou que seja bom de todo —, temos de rejeitar esta insistência e começar noutro ponto. Em vez de nos distrairmos com formulações de consentimento sobre as quais pomos uma carga ética demasiado elevada e em vez de desacreditarmos as tentativas das mulheres para tornarem os seus mundos mais seguros e mais interessados no seu prazer, temos de articular uma ética do sexo que não tente desesperadamente manter a incerteza do desejo à distância. Uma ética sexual digna desse nome tem de permitir a obscuridade, a opacidade e o não-saber. Precisamos de começar por esta premissa arriscada e complexa: a de que não deveríamos ter de no conhecer a nós próprias para estarmos a salvo da violência.

2. Sobre o desejo

No *AskMen*, um portal online de estilo de vida, a escritora Coleen Singer refere que, no que diz respeito ao desejo sexual, os homens são, em geral, «antecipatórios» e as mulheres «são, em geral, responsivas». Para a maior parte dos homens, explica ela, o desejo de sexo e o sentimento de excitação surgem, em regra, antes de qualquer atividade sexual e impulsionam a procura efetiva de sexo. As mulheres experienciam esta «excitação aleatória e flutuante que está associada à sexualidade dos homens», mas muitas delas, em contrapartida, também experienciam uma «sexualidade responsiva» — o desejo provocado por «momentos específicos de contacto romântico e sexual».

Como veremos, este ponto de vista resulta de investigações recentes na área da sexualidade, lideradas por mulheres. Reproduz, porém, uma visão consideravelmente padronizada, se não mesmo estereotipada, das diferenças entre homens e mulheres, subscrita também por artistas do engate que ensinam aos homens técnicas «comprovadas» para levar uma mulher para a cama (e cujos conselhos são um prolongamento surpreendente de outras formas de aconselhamento sobre sexo e relações). «Mostre a um homem uma capa da *Playboy*, e ele está pronto para a ação», escreve Neil Strauss em *The Game*, o livro que se tornou um fenómeno de vendas sobre a arte do engate. «Na verdade», continua Strauss, «mostrem-lhe um abacate descaroçado e ele está pronto para a ação». As mulheres, pelo contrário, «não são tão facilmente persuadidas por imagens e conversas diretas». Aparentemente, as mulheres precisam de ser convencidas e demoram mais tempo. Os homens são rápidos, as mulheres são lentas.

É um lugar-comum retratar a sexualidade masculina e feminina como duas forças bastante diferentes — e explicar estas diferenças em termos evolucionários. Segundo este argumento, os homens têm um maior impulso sexual, motivados por uma vasta história evolucionária a espalhar a sua semente. O sexo ocupa um lugar menos central ou urgente — na verdade, menos *sexual* — na experiência das mulheres porque a sua história evolucionária as motiva a encontrar parceiros fidedignos para a intimidade, segurança e responsabilidade exigidas pela criação dos filhos. Existiria um ímpeto sexual profundo, irracional e até pré-racional nos homens; enquanto, nas mulheres, a sexualidade se encontraria *fora*, separada da sua pessoa, trazida à colação apenas de forma instrumental e estratégica ao serviço de outros objetivos mais elevados (tal como a maternidade).

Na verdade, a história evolucionária especulativa não dita ou justifica quaisquer comportamentos sexuais específicos. A sua prevalência nos debates sobre o sexo constitui frequentemente uma racionalização — com laivos de estatuto científico — das configurações sexuais e sociais contemporâneas. Além disso, esta conceção fortemente binária da sexualidade masculina e feminina está intimamente ligada a uma visão da inevitabilidade da violência masculina. Em *The Game*, Strauss pondera a ética das técnicas altamente manipulativas que ele e o seu colega Mistério (há vários nomes risíveis no mundo dos artistas do engate) ensinam a homens desajeitados e sem competências sociais. Ele oferece a si mesmo uma engenhosa racionalização: «Como saberá alguém que leia com regularidade jornais ou livros sobre crimes verdadeiros, uma percentagem significativa do crime violento, dos raptos aos tiroteios, é o resultado dos impulsos e desejos sexuais frustrados dos homens.» Ao «sociabilizar» este tipo de homem, «o Mistério e eu estávamos a tornar o mundo um lugar mais seguro». Os homens precisariam de um escape sexual, sem o qual se tornariam violentos.

Em 2014, antes de Elliot Rodger, com 22 anos, matar seis pessoas e ferir outras catorze no *campus* de Santa Bárbara, perto da Universidade da Califórnia, ouvimo-lo dizer num vídeo publicado no YouTube: «Não sei porque é que vocês, raparigas, não se sentem atraídas por mim, mas irei punir-vos a todas por isso [...]. Será um grande prazer matar-vos a todas [...]. Negaram-me uma vida feliz e, em troca, eu negar-vos-ei a vida, é mais do que justo [...]. Punirei todas as mulheres pelo crime de me privarem de sexo.» Como escreveu Chanel Miller em *Know My Name* — Miller era uma estudante na Universidade da Califórnia em Santa Bárbara na altura do massacre perpetrado por Rodger —, «o sexo era um direito seu e uma responsabilidade nossa».

As mulheres devem sexo aos homens, quanto mais não seja para impedir a violência com a qual poderão deparar se o recusarem. Quando R. Kelly se apresentou ao tribunal em 2019 a respeito de dez alegados crimes de abuso sexual agravado, os advogados do cantor disseram aos jornalistas que Kelly não abusara sexualmente das mulheres, porque «ele é uma estrela *rock*. Ele não precisa de fazer sexo não consensual». Se os homens cometem violência apenas por causa de um ímpeto sexual frustrado, que não foi satisfeito, então as mulheres têm o dever de fazer sexo com eles. E assim a ideia de que os homens cometem violações por causa de um ímpeto sexual bloqueado justifica obrigar as mulheres a fazerem sexo para que evitem tanto a sua própria violação quanto a de outra pessoa.

Nem todos os homens que subscrevem a visão do desejo masculino como um forte ímpeto avançam para surtos de violência misógina e mortífera ou abusam de mulheres jovens. Mas, mesmo se a era contemporânea já não acredita na «economia espermática», ainda é comum ouvirmos equivalentes modernos da visão segundo a qual a proximidade física com uma mulher sem fazer sexo com ela deixa um homem «carregado até à exaustão, à beira de uma violência incontrolável» (palavras de Andrew Jackson Davis em 1874). Mithu Sanyal descreve isto como o «modelo da caldeira a vapor» aplicado à sexualidade masculina; um modelo em que o desejo do homem é, como um motor em sobreaquecimento, impossível de desligar, e em que a mulher tem de ser cuidadosa se aquecer o motor e não «for até ao fim». Cuidadosa com o quê? Com a violência que inevitavelmente enfrentará — a violência que ela não terá conseguido evitar. A noção do desejo sexual masculino como um ímpeto biológico pode, nos termos de Emily Nagoski em *Come as You Are*, tornar-se «rapidamente tóxica».

Uma das reações a este lamentável estado de coisas tem sido insistirem que as mulheres, *tal como os homens*, têm um desejo forte, libidinal e urgente; que elas são tão inerentemente lúbricas como os homens. Se as mulheres querem igualdade nas questões sexuais, então a sua própria luxúria tem de ser reconhecida e aceite. Mas será que a libertação sexual das mulheres — a sua emancipação — depende de a sua sexualidade ser igual à dos homens? Na sexologia do pós-guerra, a resposta a esta pergunta era clara: a igualdade sexual assentava na similaridade.

William Masters e Virginia Johnson viriam a tornar-se dois dos mais influentes sexólogos do período pós-guerra. Nos anos de 1950 e 1960, eles ocuparam-se — embora de forma sub-reptícia — a colocar elétrodos em voluntários do sexo masculino e feminino num laboratório pertencente à Universidade de Washington em Saint Louis. Observavam os processos fisiológicos dos seus objetos de estudo (tais como a frequência cardíaca e a temperatura) durante a atividade sexual. Em conjunto, observaram indivíduos e casais a masturbarem-se com a mão ou com um vibrador mecânico; a fazerem sexo em diferentes posições; a praticarem «coito artificial» com o falo transparente — um dildo de vidro (ao qual foi dado o hilariante nome de *Ulisses*) — e com estimulação única dos seios, sem contacto genital. Uma câmara e uma luz, incorporadas no *Ulisses*, registavam o que acontecia no interior da vagina durante o orgasmo de uma mulher.

Masters e Johnson levavam a cabo as suas pesquisas numa época em que o duplo critério sexual era inclemente. Era um período de intenso conservadorismo pós-guerra nos Estados Unidos da América, no qual os deveres domésticos, familiares e maternais das mulheres eram ressaltados ao máximo. (Nesta altura, a palavra «grávida» ainda podia ser substituída por um pi em programas televisivos.) O livro de Masters e Johnson *Human Sexual Response*, publicado em 1966 e redigido propositadamente num estilo dominado pelo jargão técnico e denso («o fator estimulante é de grande importância para o estabelecimento de um incremento suficiente da tensão sexual»), esgotou a sua primeira edição (de 15 000 cópias) no lapso de três dias e esteve na lista dos títulos mais vendidos do *The New York Times* durante seis meses — apesar de a dupla ter convencido a imprensa a adiar a cobertura jornalística sobre a obra até à sua publicação, ou talvez graças a isso. As descobertas eram bombásticas, levando o crítico Albert Goldman a refletir com desconforto sobre «a imagem mais indelével [do livro], a de uma mulher a acasalar consigo mesma por meio de uma máquina».

No cerne das suas descobertas estava o designado Ciclo da Resposta Sexual Humana: um ciclo aparentemente universal durante a atividade sexual, presente nos homens e nas mulheres. Consistia em quatro estágios — excitação, orgasmo, planalto e resolução. Digna de relevo era também a importância crucial do clitóris para o prazer feminino (quando não era mesmo o seu fator-chave) e o facto de a vagina e o clitóris estarem interrelacionados e serem mutuamente responsivos. Masters e Johnson não foram os primeiros sexólogos do século XX a destacar o clitóris; no livro *Sexual Behaviour in the Human Female*, publicado em 1953, Alfred Kinsey sugerira, com base num exame da literatura médica e anatómica, que o clitóris era o centro da sexualidade feminina. Porém, ele também argumentara que a vagina era insuficiente ao nível dos terminais nervosos e, portanto, também ao nível da sensação, em grande medida numa tentativa de destronar a veneração do orgasmo vaginal. Masters e Johnson basearam as suas conclusões na observação direta, reivindicando que os orgasmos mais intensos das mulheres não eram resultado de relações sexuais com um homem, mas sim da masturbação, na qual elas podiam controlar o tipo e a intensidade da estimulação. Contrariando Kinsey, Masters e Johnson sustentaram que a vagina era altamente sensível, ativamente cambiável em resposta à excitação sexual e em resposta tanto à penetração peniana quanto à estimulação clitoriana.

Muitas mulheres não terão ficado surpreendidas com estas «descobertas» — que tanto o clitóris quanto a vagina podem ser fontes de prazer intenso —, mas a sua consagração no âmbito de uma obra com respaldo científico foi um momento significativo. As implicações destas descobertas — a dispensabilidade do sexo vaginal e talvez também dos homens — eram chocantes, mas Masters e Johnson terão mitigado o seu impacto (talvez de forma estratégica) pela defesa de que a sexualidade masculina e a feminina eram essencialmente análogas. Eles destacaram esta similitude em dois níveis. O primeiro era o nível da fisiologia: a ereção e a lubrificação eram, em essência, o mesmo processo; a ejaculação e o orgasmo também. A progressão através do ciclo de resposta sexual era a mesma nos homens e nas mulheres, e tanto os homens como as mulheres evidenciavam, no caminho até chegar ao orgasmo, um aumento da frequência cardíaca e da temperatura, bem como alterações no tom e cor da pele, com contração dos músculos e enrubescimento. A respiração acelerada ocorria à medida que o orgasmo se aproximava, e tanto os homens como as mulheres evidenciavam o mesmo índice de contração muscular durante o orgasmo.

A segunda zona de similitude ocorria ao nível do desejo; Masters e Johnson tencionavam pôr as necessidades sexuais femininas no mesmo patamar que as dos homens, e fizeram-no através da invocação — ou, melhor, da assunção — de um ímpeto sexual biológico partilhado pelos dois. Enfatizaram repetidamente, de forma explícita e implícita, que as mulheres possuíam apetites, capacidades e desejos sexuais. Estabeleceram analogias explícitas e implícitas entre as capacidades e as necessidades do pénis e as do clitóris. Tal como nenhum homem esperaria fazer sexo sem estimulação do seu pénis, nenhuma mulher deveria esperar ou tolerar fazer sexo sem atenção ao seu clitóris. Ao invés de considerar o clitóris como um pequeno pénis — um parente pobre deste órgão mais exuberante —, a analogia entre os dois proposta por Masters e Johnson deu sustentação à importância do clítoris. A dupla reclamou para este uma relevância fálica.

Na verdade, Masters e Johnson insistiram na similaridade mesmo quando as suas descobertas sugeriam um quadro mais complexo. No seu trabalho, as mulheres eram, pelo menos, *mais* desejosas e sexuais do que os homens, uma vez que a intensidade do prazer e do orgasmo decorrente da estimulação clitoriana suplantava a intensidade do orgasmo que os homens obtinham através do pénis; e visto que as mulheres, aparentemente, tinham a capacidade de ter orgasmos múltiplos, permanecendo em níveis quase orgásticos por muito mais tempo do que os homens antes do período refratário. Assim, as mulheres teriam, pelo menos em princípio, uma capacidade fisiológica para o sexo superior à dos homens. Porém, os sexólogos não se alongaram nestas diferenças nem extrapolaram a partir destas. Para a dupla, a ideia da diferença entre homens e mulheres — fisiologicamente falando — estava desatualizada, ligando-se a modelos psicanalíticos e conservadores da sexualidade que subordinavam o prazer das mulheres ao dos homens. Para Masters e Johnson, o progressismo sexual dependia da similitude. A igualdade era a similaridade — um argumento político comprovado pela ciência do desejo.

Masters e Johnson não se declaravam feministas; a dupla situava firmemente as suas descobertas dentro do enquadramento tradicional da monogamia e do casamento heterossexual. Ainda assim, exerceram pressão sobre as antigas ortodoxias que haviam cerceado a sexualidade das mulheres. Na primeira metade do século XX, uma miríade de especialistas propusera uma visão da sexualidade das mulheres como sendo profundamente — quase metafisicamente — distinta da dos homens. Sobretudo a partir dos anos 1910, uma nova geração de especialistas matrimoniais ocupava-se a escrever recomendações para casais que enfatizavam o papel do prazer na cimentação dos vínculos conjugais e sociais. Estes textos invocavam uma diferença acentuada entre a sexualidade dos homens e a das mulheres. «Os sentimentos sexuais de um homem são facilmente e rapidamente despertados, e são rapidamente satisfeitos», escreveu Helena Wright, em 1930, no livro *The Sex Factor in Marriage*, enquanto «os desejos de uma mulher, pelo contrário, não são nem despertados rapidamente nem satisfeitos rapidamente», e noites de núpcias desastrosas e traumáticas poderiam tolher o potencial sexual de uma mulher para sempre. O papel do prazer feminino era frágil e perigoso; os autores esforçavam-se para encontrar um equilíbrio entre uma sexualidade feminina liberta (potencialmente disruptiva e descontrolada) e uma sexualidade domesticada (e potencialmente reprimida). Uma esposa tinha «a potencialidade de um apetite sexual apurado», escreveu um sexólogo em 1937, e cabia ao marido «o privilégio de o despertar e manter» com paciência e ternura. O prazer da mulher tinha de ser suscitado por um marido habilidoso e atento; ele tinha de instigar cuidadosamente o desejo feminino, conduzindo a sua esposa através das águas agitadas do desejo — ele era o professor; ela era a discípula. Estas obras admitiam o prazer sexual feminino — na verdade, celebravam-no —, mas tentavam contê-lo dentro das normas da heterossexualidade, feminilidade e maternidade. Sem a devida precaução, a frigidez e a ninfomania seriam os dois potenciais resultados.

Um neofreudianismo conservador intensificou esta ansiedade em relação aos extremos potenciais da sexualidade feminina. Freud é com frequência apontado como o culpado nas explicações deste panorama, mas ele próprio não via a heterossexualidade como normal ou inevitável. Para Freud, a heterossexualidade reprodutiva não era uma inevitabilidade biológica, mas sim um processo de desenvolvimento complexo. Tanto nos homens quanto nas mulheres, argumentava Freud, o desejo heterossexual era adquirido ao invés de inato — e era adquirido com dificuldade, bem como sempre de forma provisória. A sexualidade feminina descrita por Freud era instável e impregnada de ambiguidade. A difícil transição da sexualidade clitoriana para a sexualidade vaginal e a luta das raparigas para se desligarem libidinalmente da mãe e se ligarem ao pai e aos homens não eram inevitáveis, tão-pouco algo que Freud incentivasse de forma inequívoca ou consistente, ao contrário de alguns dos seus discípulos posteriores. Na sua análise deste momento instável, defendia que a rapariga se posicionava, durante um período incerto, *fora* das categorias sexuais. Como afirmou Jane Gerhard em *Desiring Revolution*, uma jovem mulher existe durante algum tempo «entre identidades sexuais»; nem puramente masculina nem puramente feminina, nem homossexual nem heterossexual, mas potencialmente tudo isso em simultâneo.

Os discípulos de Freud revelar-se-iam mais prescritivos e mais inequívocos do que ele próprio. A psicanálise, nas mãos de Karl Abraham, Marie Bonaparte, Karen Horney, Eduard Hitschmann e Edmund Bergler, fez um retrato da feminilidade natural que implicava o desejo de ter relações sexuais vaginais, a domesticidade e a maternidade. Uma feminilidade saudável requeria o orgasmo vaginal, enquanto uma sexualidade imatura privilegiava o prazer clitoriano, por si só associado a indícios de uma suposta masculinidade ou recusa da feminilidade, tais como o lesbianismo, a militância feminista e o desejo de prosseguir os estudos ou trabalhar fora de casa. Para estes neofreudianos, a repressão clitoriana e o amadurecimento vaginal eram a pedra basilar da feminilidade apropriada.

Compreensivelmente, estas análises da sexualidade feminina provocaram uma intensa hostilidade nas décadas que se seguiram ao seu aparecimento. A sua refutação foi central para o movimento de mulheres emergente nos anos 1960 e 1970 — um movimento que congregou energias na época das publicações de Masters e Johnson, tirando partido das descobertas dos sexólogos com grande entusiasmo. Durante algum tempo, a sexologia de Masters e Johnson, com a sua observação e contabilização dos prazeres sexuais das mulheres, fornecendo estatísticas dos seus orgasmos clitorianos, tornou-se um dos recursos-chave do arsenal feminista.

Porém, nem todas as feministas alinharam em declamar empolgadamente o potencial revolucionário do prazer sexual, ou a relevância libertadora do clitóris. Feministas negras como Frances Beal, Linda La Rue e bell hooks assinalaram justamente que as feministas brancas não reconheciam os privilégios implícitos em conceber a sexualidade como uma fonte primordial da identidade. O investimento do feminismo negro no prazer sexual era, no seu entender, dificultado pela história flagrante de exploração sexual e económica das mulheres negras e pelo uso experimental dos corpos de mulheres pobres, de que são exemplos a testagem de pílulas anticoncecionais em mulheres porto-riquenhas e a esterilização forçada de mulheres negras.

Não obstante, a sexologia atraiu feministas como Anne Koedt e Ti-Grace Atkinson, as quais detetaram grande potencial emancipatório no trabalho de Masters e Johnson. Em «O Mito do Orgasmo Vaginal», um breve ensaio de Koedt que viria a exercer enorme influência, distribuído primeiro em cópias mimeografadas e mais tarde incluído em múltiplas antologias, lemos que, se determinadas posições sexuais hoje definidas como «padrão» não são mutuamente conducentes ao orgasmo, então estas devem «deixar de ser definidas como o padrão». O orgasmo clitoriano mostrara que o prazer sexual podia ser obtido tanto a partir dos homens quanto a partir das mulheres, tornando a heterossexualidade «não absoluta, mas antes uma opção». Visto que os homens, escreveu Koedt, «têm orgasmos essencialmente por fricção com a vagina», e não com a área clitoriana, as mulheres foram, em consequência, «definidas sexualmente nos termos do que agrada aos homens».

As implicações eram profundas. Koedt sugeriu que os homens, «com efeito, temem o clítoris como uma ameaça à sua masculinidade». Não estava errada. Em *The Prisoner of Sex*, o combativo escritor e colunável Norman Mailer refletiu sobre os escritos feministas emergentes, alguns dos quais — como o livro *Sexual Politics*, de Kate Millett — endereçavam fortes críticas a Mailer e usavam as descobertas de Masters e Johnson. No estilo automistificante e floreado que lhe é característico, Mailer admite uma nova «irritação ante a ubíqua plenitude de orgasmos da mulher com aquele pénis de plástico, aquele dildo de laboratório, aquele vibrador!». Ele confessa sentir «algo próximo de uma nostalgia pelas pomposas certezas freudianas dos anos 1950» — a certeza de que a estimulação clitoriana, e a incapacidade para alcançar o orgasmo através do coito, constituía um falhanço da feminilidade.

Curiosamente, a hostilidade de Mailer em relação a Masters e Johnson antecipou futuras avaliações feministas do seu impacto. Embora as feministas preeminentes dos anos 1970 se tivessem aliado aos sexólogos, Mailer olhava para a dupla com um escrutínio sombrio, uma perceção das ilusões contidas nas esperanças, uma perceção do sinistro dentro do clínico, e uma perceção do que se perdera na sua abordagem ao sexo. «A América é dominada por um bando de cientistas semimaníacos», escreveu ele, «homens que nada sabem sobre o ato de criação.» Ele discorre efusivamente sobre as condições laboratoriais da investigação, e a «paralisia de todos os sentidos que se deverá ter instalado nas mulheres, ali deitadas, vagina aberta, insensíveis como um dente morto à averiguação exploratória pelo olho esterilizado do investigador». Mailer não foi o único a desconfiar desta quantificação mecanística e tecnologicamente determinada do sexo. Dana Densmore, uma integrante do Cell 16, um grupo feminista de filiação separatista, pôs em dúvida a libertação sexual; o «direito» das mulheres a desfrutarem dos seus corpos estava agora, segundo Densmore, a transformar-se num dever. O foco genital desta libertação sexual era uma manobra de diversão; as descobertas de Masters e Johnson a respeito da capacidade das mulheres para terem orgasmos múltiplos sugeriam que a libertação de uma mulher era tão psicológica quanto física. As mulheres procuravam mais do que sexo; «o que verdadeiramente procuramos é a proximidade, a fusão, talvez uma espécie de esquecimento do *eu*». Como veremos, este tema voltou a vir à superfície nos tempos recentes.

****

A partir dos anos 1990, a crítica à abordagem de Masters e Johnson veio da própria sexologia. A dupla foi extremamente influente neste campo, e continua a sê-lo. Em 1980, o ciclo da resposta sexual humana [HSRC, sigla em inglês] foi incorporado, mais ou menos na íntegra, no Manual de Diagnóstico e Estatística da Associação Americana de Psiquiatria [DSM III, sigla em inglês], que elenca as perturbações mentais e coordena o diagnóstico médico e a cobertura das seguradoras no sistema de saúde norte-americano, sendo ainda crucial na articulação de vários estudos internacionais. O DSM III classificou as disfunções sexuais com base no ciclo da resposta sexual humana, e quaisquer desvios do modelo linear — que agora incluía o desejo como uma fase inicial, graças ao contributo dos sexólogos Helen Singer Kaplan e Harold Lief — sugeriam uma disfunção. Os métodos de terapia sexual avançados por Masters e Johnson baseavam-se no HSRC, concentrando-se sobretudo em ajudar os pacientes a ultrapassarem problemas relacionados com ansiedade e inibições, e continuaram a ser a referência neste campo ao longo de muitas décadas consecutivas.

Mas, nos anos 1990, a expansão da prescrição psicofarmacêutica de medicamentos e a influência do DSM causaram um abalo na cultura. O Prozac, o antidepressivo SSRI[5] mundialmente famoso, tornara-se um símbolo não só da prescrição indiscriminada, mas também da «medicalização» das dificuldades da vida quotidiana ou dos fenómenos sociais, por via do potencial alarmante do DSM, da Big Pharma e do advento dos anúncios publicitários a medicamentos dirigidos diretamente ao consumidor. A indústria farmacêutica, com o seu

[5] *Selective serotonin reuptake inhibitor*; em português, inibidor seletivo de recaptação de serotonina. [N. da T.]

marketing implacável e as suas táticas de *lobby*, bem como as suas práticas por vezes obscuras referentes à eficácia e aos estudos de segurança, foi alvo de um escrutínio crescente e as suas falhas foram identificadas. Um estado de espírito de profundo ceticismo veio ao de cima, com inúmeros livros publicados sobre os males do DSM e da psiquiatria farmacêutica — uma psiquiatria que, alegadamente, nos tentava convencer de que estamos deprimidos, quando, na verdade, estamos tristes; ou que temos síndrome de hiperatividade e défice de atenção, quando, na verdade, estamos sobre-estimulados pela tecnologia; uma psiquiatria que incentivava os indivíduos a verem-se como seres disfuncionais, ao serviço do consumo farmacêutico.

Também o Viagra se viu enredado nestes debates e preocupações. O medicamento *blockbuster* da Pfizer, licenciado em 1998 para a disfunção erétil, foi um êxito tão grande para a empresa que levou a uma corrida farmacêutica para testar esta e outras fórmulas semelhantes nas mulheres; a esperança era de que, tal como nos homens, também nas mulheres um fármaco vasoconstritor que aumentava a intumescência, o fluxo sanguíneo e a dilatação (as metáforas hidráulicas abundavam neste período) produzisse um medicamento *blockbuster* para os problemas sexuais femininos — problemas que, a partir do momento em que o Viagra entrou em cena, foram divulgados aos quatro ventos como complicações pouco reconhecidas que precisavam desesperadamente de uma panaceia semelhante.

Na realidade, estes medicamentos fracassaram rotundamente nas mulheres; para começar, um aumento da lubrificação vaginal parecia ter pouco impacto no desejo feminino de fazer sexo. Outras possibilidades foram entusiasticamente formuladas, com enfoque no cérebro e nas hormonas: o Intrinsa, um adesivo de testosterona (licenciado na Europa, mas não nos Estados Unidos), um gel de testosterona chamado LibidGel e, mais recentemente, o Flibanserin, um antidepressivo ineficaz que atuava sobre os níveis de serotonina e dopamina. O Flibanserin teve uma carreira curta e tumultuosa; depois de começar por não satisfazer os critérios da FDA[6], foi licenciado com grande controvérsia em 2015, renomeado como Addyi, e depois conheceu números de vendas reduzidos devido aos seus onerosos efeitos secundários, com várias companhias de seguros a recusarem incluí-lo na sua cobertura.

Dentro e fora do campo da sexologia, vozes críticas questionavam cada vez mais se a tentativa de encontrar um Viagra «feminino» era, na verdade, uma forma de medicalizar algo bem mais complexo e relacional. Também conjeturavam se o modelo do desejo e do ciclo da resposta sexual humana assumidos no DSM tinham na sua génese falhas graves. Neste modelo, o sexo começa com o desejo, prossegue para a excitação e, por fim, conduz ao orgasmo. As mulheres que não tinham um acesso tão fácil ao seu próprio desejo eram patologizadas como sexualmente disfuncionais; o DSM definia como patológicas quaisquer interrupções ocorridas neste processo supostamente universal. Um dos critérios-chave para o DSH — transtorno do desejo sexual hipoativo —, aplicável tanto a homens quanto a mulheres e catalisador de amplos debates, era a «insuficiência (ou ausência) de fantasias sexuais e do desejo de atividade sexual», causando «sofrimento acentuado ou dificuldades interpessoais». Dito de outro modo, uma ausência de desejo espontâneo de sexo ou de fantasias sexuais. Mas os investigadores sexuais haviam

[6] Food and Drug Administration. [N. da T.]

argumentado que muitas mulheres afirmam não ter fantasias sexuais frequentes e que muitas experienciam o desejo como um estado que emerge *em resposta* à estimulação e excitação, e não como um acontecimento espontâneo.

Afinal, os métodos de Masters e Johnson tinham viciado os dados. Os indivíduos estudados pela dupla — esmagadoramente brancos, de classe média-alta e com uma educação de nível superior, recrutados na Universidade de Washington — já eram, por definição, sexualmente ativos. Também apresentavam, provavelmente, níveis elevados de desejo sexual e níveis reduzidos de inibição sexual, pois tinham de estar preparados para fazer sexo e se masturbar em condições laboratoriais, sob observação dos investigadores. Terão também sido escolhidos pela sua capacidade de descrever pormenores das suas reações sexuais: William Masters dizia que, «se queremos saber o que acontece», temos de «trabalhar com aqueles a quem acontece». Ao deixar de fora participantes que não experienciavam o desejo sexual com facilidade ou não se sentiam confortáveis nas condições do estudo, o seu trabalho produziu uma definição «universal» da normalidade sexual que presumia um caminho plano desde o desejo espontâneo até à excitação e orgasmo.

Todavia, o desejo apresenta variações notórias dentro das populações. Estudos realizados em vários países sugerem que a ausência de desejo ou interesse é a queixa mais frequente nas mulheres — uma em cada duas a quatro mulheres, ou um terço das mulheres, o que a torna duas vezes mais comum nas mulheres do que nos homens. Mas o ciclo da resposta sexual de Masters e Johnson havia sugerido, como explica Leonore Tiefer, «a atuação de um programa inato, como o funcionamento de um relógio mecânico», com o desejo como estado iniciador que punha em marcha todo o processo.

O entendimento clássico do desejo sexual é que este consiste num impulso biológico, como o impulso alimentar ou do sono. Quando nos sentimos com fome ou cansados, estamos a ser impelidos a satisfazer o impulso por um estado interno desagradável, de forma que regressemos a um estado fisiológico de base que já não é desagradável (e, no fim de contas, potencialmente fatal). Mas será que o entendimento do desejo como um impulso é o melhor? Alguns investigadores contemporâneos julgam que não, argumentando que, ao contrário da fome ou da sede, o desejo não funciona com base num modelo de privação. Às vezes, o desejo pode ser *sentido* como um impulso — tanto quanto a dor ou a sede, que nos surpreendem com uma urgência desconfortável —, mas não o é; o desejo é excitação num contexto conducente ao desejo.

Este novo entendimento emergiu em resultado do trabalho de uma série de investigadores. Nos controversos anos que antecederam a publicação, em 2013, da quinta edição revista do DSM, pesquisadoras como Cynthia Graham e Lori Brotto, integrantes do comité encarregado de supervisionar as alterações ao manual, temiam que as mulheres estivessem a ser sobrepatologizadas. Por um lado, as alterações de curto prazo na função sexual podiam ser respostas adaptativas e compreensíveis a fatores de tensão como a ansiedade, a depressão, as disparidades laborais e nos cuidados, as experiências de abuso e violência, as dificuldades com a autoimagem, entre outros. Por outro lado, o modelo linear — do desejo à excitação e orgasmo — poderia não se aplicar diretamente às mulheres. Com efeito, este modelo linear é assumido pelas incontáveis cenas de sexo rápido e eficiente entre homens e mulheres no cinema e na televisão. O desejo está simplesmente lá; depois, seguem-se algumas apalpadelas velozes, a inserção de um pénis, alguns gemidos ofegantes e o alívio de um vertiginoso orgasmo simultâneo.

A perceção das mulheres como sendo particularmente afetadas por níveis reduzidos de desejo poderá ter origem numa incapacidade de distinguir entre dois tipos distintos de desejo: o desejo espontâneo e o desejo responsivo, sendo este último — o desejo exposto no portal *AskMen* que mencionei no início deste capítulo — mais comum nas mulheres. Exercendo uma enorme influência, Rosemary Basson, diretora do Centro de Medicina Sexual da Universidade da Colúmbia Britânica, avançou esta perspetiva nas últimas duas décadas, com base no seu trabalho com pacientes. O desejo espontâneo — a experiência de ansiar e antecipar espontaneamente as experiências sexuais — é menos credível numa mulher, que talvez não pense «quero fazer sexo», mas esteja aberta a essa possibilidade. O seu desejo pode emergir nas condições certas. Nesta situação, uma mulher experiencia em primeiro lugar a excitação e depois o desejo — e não o contrário. Este é um processo circular, e não linear. Porém, as condições são cruciais; o contexto sexual atual inclui a relação, as dinâmicas de poder, a segurança e confiança, as razões pelas quais o sexo acontece, o erotismo disponível, a relação com o seu próprio corpo e prazer, a presença ou a ausência de estímulos considerados excitantes. Todos estes são fatores determinantes que facilitam ou impedem o círculo virtuoso da excitação e do desejo.

O contexto é tudo e determina se o desejo é *sentido* de forma mais espontânea ou mais responsiva. Num certo contexto — por exemplo, o de um casal cujos membros estão familiarizados um com o outro, numa relação duradoura —, o sexo pode não ser algo em que uma mulher pense sobremaneira (talvez ela se encontre num «estado neutro», para usar a fórmula de Basson), mas o toque de um parceiro, nas condições certas, pode suscitar uma reação de curiosidade e simpatia, ainda que não de desejo ativo ou urgente. Finalmente, o desejo pode sobrevir. Num outro contexto de novidade, enamoramento e expectativa — o crescendo de tensão antes de voltar a ver um parceiro após algum tempo de separação, ou a vertigem dos estágios iniciais de uma nova relação —, o desejo pode ser *sentido*, no reencontro, como absolutamente espontâneo, como se viesse do nada. No entanto, o desejo não vem do nada. O desejo que uma mulher experiencia nesta situação não é menos responsivo pelo sentimento de urgência e espontaneidade; ela está simplesmente a reagir a um contexto de entusiasmo e antecipação — um ciclo de retorno positivo. Também isto é excitação em contexto; e o contexto preparou-a para o prazer. O desejo sexual nunca é absolutamente independente do contexto; o desejo raramente é *não* responsivo — apenas nos esquecemos de considerar certas condições como um contexto.

Da mesma forma, um contexto negativo é um contexto e pode ter consequências profundas. Um ambiente perturbador ou desagradável; estímulos sexuais inadequados; toques, sons e cheiros desencorajantes, ou uma relação tensa: tudo isto pode interferir com o círculo de «excitação-desejo». Muitas mulheres que experienciam níveis reduzidos de desejo sexual podem, na verdade, não experienciar um nível satisfatório de excitação sexual, e muitas poderão nunca ter experienciado um orgasmo. O sexo pode tornar-se obrigatório — uma tarefa levada a cabo para manter feliz um parceiro que, afinal de contas, tem um impulso biológico urgente que deve ser satisfeito. E assim o prazer da mulher pode tornar-se cada vez menos importante, o que, por sua vez, afeta o seu desejo de fazer sexo, pois o sexo, por si só, poderá não valer a pena.

O evitamento pode instalar-se; o círculo vicioso acentua-se cada vez mais.

Reconhecer que o desejo sexual nem sempre precisa de assumir uma forma urgente e espontânea tem implicações significativas. Se virmos o desejo responsivo como desejo, não julgaremos anormal o «desvio» das mulheres em relação ao modelo dominante e espontâneo largamente associado aos homens. Era isto que se pretendia com as alterações ao DSM V, nomeadamente, a substituição do DSH pelo transtorno do interesse/excitação sexual feminina, que admitia uma sexualidade na qual a responsividade à iniciação desempenhava um papel importante. Esperava-se que esta reformulação ajudasse as mulheres a terem acesso a mais prazer. Em *Better Sex Through Mindfulness*, por exemplo, Lori Brotto usa uma terapia com pacientes inspirada no trabalho de Basson; ela encoraja as mulheres a refletirem sobre os contextos e os estímulos conducentes à sua excitação, e incentiva-as a estarem sintonizadas com as sensações, conscientemente, sem julgamento, testemunhando a excitação sexual emergente. Esta sintonização pode diminuir a inibição e «abrir o caminho» para o desejo sexual e finalmente para a satisfação sexual. Um círculo virtuoso — a experiência do prazer e do orgasmo — pode funcionar como um incentivo futuro para o sexo. Sexo recompensador pode fazer que as mulheres queiram sexo de novo. Um entendimento restrito do desejo como algo unicamente espontâneo e urgente torna este tipo de abordagem impossível.

* * * *

Rosemary Basson elaborou a sua teoria do desejo responsivo num período de grande empolgação em torno dos tratamentos farmacológicos para os problemas sexuais, relembrando a todas as pessoas que o sexo não se resume aos aspetos biológicos. Além disso, desenvolveu o seu trabalho numa época — a partir da viragem do milénio, mas em particular nos últimos anos da década de 2000 — marcada por grande consternação em relação a uma cultura pós-feminista e «hipersexual», e em relação aos efeitos da crescente disponibilidade de pornografia online tanto sobre a sexualidade masculina quanto sobre a sexualidade feminina. «Sexualização» é um termo nebuloso que pressupõe uma fronteira rígida entre infâncias inocentes e maioridades sexuais, mas neste período o conceito era invocado para criticar a infiltração de tropos pornográficos em iconografia e objetos convencionais (*T-shirts*, coleções de roupa infantil, aulas de dança no varão oferecidas nos ginásios). Livros com títulos como *Pornland* e *Pornified* (*How Pornography is Damaging Our Lives, Our Relationships, Our Families*) competiam por atenção com iniciativas oficiais como o Relatório sobre a Sexualização de Raparigas da Associação Americana de Psicologia. Estes textos e debates circulavam com uma insistência quase tão frenética quanto a pornografia neles descrita.

Algumas críticas à cultura «sexualizada», à sensualidade obrigatória e à «cultura da vulgaridade», entre as quais se incluem *Female Chauvinist Pigs*, de Ariel Levy, e *Living Dolls*, de Natasha Walter, ventilavam de certo modo uma censura disfarçada em relação às mulheres com as quais alegadamente estavam preocupadas, evidenciando um olhar objetificante e desumanizador sobre estas mulheres, cuja tendência para a auto-objetificação lamentavam. Levy e Walter usaram termos como «foleira», «vadia», «bimba» e «exibicionista» com veleidade e sem nenhum questionamento da misoginia pulsante sob este vocabulário. «As bonecas estiveram outra vez na marcha», escreveu Walter. Nestes livros, a aversão e o julgamento rivalizavam com a preocupação e o desespero.

Estes tipos de texto formaram um contexto envolvente importante para a investigação sexual em desenvolvimento a partir do início do século XXI. O trabalho de Basson sustentava que o desejo feminino não era a força linear e mecânica pressuposta por Masters e Johnson, dando ênfase aos obstáculos que, demasiadas vezes, atormentavam a sexualidade das mulheres. A sua investigação, embora implicasse um reconhecimento oportuno das dificuldades que as mulheres experienciavam no sexo, questionava uma celebração pós-feminista e insistentemente apolítica do sexo; resistia à pressão crescente sobre as jovens mulheres para serem ultrassexuais Na linha do trabalho ativista da sexóloga Leonore Tiefer, crítica de longa data do DSM e coordenadora da New View Campaign, a investigação de Basson postulava que a sexualidade é vivida em contexto e que este contexto nem sempre é conducente à satisfação das mulheres. Reconhecia as forças que se opunham a uma experiência expansiva das mulheres no que dizia respeito à sua própria sexualidade — o sexismo, a misoginia, as desigualdades — e hasteava uma imagem contrária às forças culturais que incentivavam as mulheres a serem performativa e mecanicamente sexuais; uma imagem que admitia uma sexualidade lenta, uma sexualidade que deparava com obstáculos, falhas, interrupções e inibições. As mulheres invocadas nas pesquisas de Basson não eram máquinas desejantes, passando infalivelmente do desejo para a excitação e para o orgasmo; elas eram indivíduos complexos em situações específicas e difíceis.

De forma implícita, o trabalho de Basson questionava ainda se a psiquiatria e a Big Pharma — Viagra e DSH — conspiravam em conjunto com uma cultura abertamente sexualizada: teriam Masters e Johnson, ao promoverem uma imagem linear e regular da sexualidade, feito o trabalho sujo do pós-feminismo? Teriam fornecido uma imagem simplificada do sexo que viabilizava uma positividade sexual dúbia e artificiosa, mais ilusória do que fundamentada na realidade? Representar o desejo feminino, à maneira de Basson, como algo que está sujeito a entraves — vulnerável às flutuações do contexto, mais esquivo, frágil e imprevisível do que anteriormente se imaginava — poderá também ter desempenhado uma função tranquilizadora num clima ansioso e formou parte de um anseio de desaceleração de uma cultura sexual desenfreada e ambivalente.

****

O modelo do desejo responsivo e a sua assimilação na cultura («as mulheres são, em geral, responsivas») deixam-me nervosa. Porque é que isto acontece? Em primeiro lugar, corre-se o risco de transformar o desejo sexual numa coisa à qual as mulheres devem aspirar — mesmo quando não querem. Estar recetiva ao sexo, mesmo que não se sinta desejo, arrisca tornar-se uma espécie de dever para as mulheres, o tipo de dever imposto às mulheres por várias revistas femininas e programas televisivos, cujo exemplo mais icónico é a *Cosmopolitan* com as suas dicas de «*sexercícios*» e mandatos de experimentação para manter o interesse do homem num tom insistentemente animado. Que o bom sexo nem sempre acontece naturalmente é uma descoberta proveitosa; mas é maioritariamente das mulheres que se espera um dispêndio de tempo e recursos neste tipo de trabalho — o trabalho, como já se argumentou, do amor heterossexual.

Inúmeros manuais de sexo sublinham que se trata de um trabalho. No manual de sexo cristão intitulado *Sheet Music: Uncovering the Secrets of Sexual Intimacy in Marriage,* Kevin Leman escreve que pode fazer-se sexo «por pena, obrigação ou compromisso e sem verdadeiro desejo»; sim, pode «parecer forçado», mas «é um ato de amor». Em *The Multi-Orgasmic Couple: Sexual Secrets Every Couple Should Know*, a obrigação de fazer sexo — para o bem da relação — é clara: os leitores são incentivados a «errar na direção do sexo». E em *The Whole Lesbian Sex Book*, considera-se apropriado que as mulheres adotem uma «regra de não-recusa» numa relação; o parceiro não desejante acabará por querer fazer sexo assim que a ação começar.

Mas, se as relações são cimentadas através do sexo e se a redução do desejo deve ser combatida com trabalho — permanecendo recetivas, estando disponíveis para o sexo mesmo quando não o queremos —, como é que estabelecemos a diferença entre um esforço razoável no âmbito de uma relação e uma pressão inaceitável para fazer sexo? Poderá a enfâse numa neutralidade sexual, que no contexto certo dá lugar à excitação e ao desejo, enfraquecer a convicção de que uma pessoa, ele ou ela, tem o direito de recusar sexo? Será que este modelo dá lastro à possibilidade de se exercer pressão sobre um parceiro?

A linguagem utilizada para promover o desejo responsivo é bastante reveladora. No trabalho de Basson, a maior ênfase recai sobre a motivação, os incentivos e as razões para o sexo. As mulheres são principalmente motivadas para o sexo por razões não sexuais — «recompensas» ou «ganhos» que não são «estritamente sexuais» —, tais como o desejo de proximidade emocional ou «necessidades de intimidade». Começar por um estado «sexualmente neutro», escreve Lori Brotto, «além de não ser patológico», é também, «provavelmente, bastante normal nos casais com relações de longa duração». Ela pretende «normalizar a ausência de desejo sexual da mulher no início de uma relação sexual». Ao descrever o seu «modelo de incentivo-motivação», Basson argumenta — com uma reveladora escolha de termos — que a «excitabilidade» de uma pessoa é a sua disposição para ser «encaminhada em direção» ao sexo.

A ideia de que as mulheres não começam pelo desejo — ou de que talvez nem possuam desejo de todo — reflete-se na linguagem das categorias de diagnóstico. Na quinta e última edição do DSM, as mulheres já não podem ser diagnosticadas com o transtorno do desejo sexual hipoativo. Já não existe uma categoria para as mulheres que inclua o termo «desejo» no DSM — as mulheres são antes diagnosticadas com o transtorno de interesse/excitação sexual feminina [FSIAD, sigla em inglês][7]. Os critérios de diagnóstico para o FSIAD incluem não só uma redução dos pensamentos eróticos ou fantasias, mas também uma redução da iniciação de atividade sexual, bem como da responsividade às iniciações de um parceiro. Outro dos critérios de diagnóstico é o «*interesse* na atividade sexual» (e não o *desejo*). Uma mulher, no DSM, aparenta não ter desejo sexual algum passível de sofrer um transtorno. Obviamente, a inclusão no DSM não é um indicador de libertação; mas, no manual, os homens têm desejo, e as mulheres têm incentivos e motivação; os homens têm transtornos do desejo, e as mulheres têm transtornos de interesse e excitação.

---

[7] *Female Sexual Interest/Arousal Disorder*. [N. da T.]

Estas diferenças semânticas dizem-nos muitas coisas: o investimento das mulheres no sexo é visto como mais cognitivo, e o dos homens, como mais libidinal. As mulheres consideram fazer sexo; os homens querem fazê-lo. O interesse das mulheres no sexo é, na verdade, menos sexual.

Precisamos de questionar os modelos do desejo e de reconhecer os contextos e condições que o possibilitam ou inibem. Mas será que é proveitoso dispensar a linguagem do desejo no caso das mulheres? Ou será que contribui para a consolidação de um fenómeno problemático — a sugestão de que o sexo, para as mulheres, é principalmente uma questão de ponderação dos seus interesses, enquanto a sexualidade dos homens permanece intacta como uma necessidade profunda?

Em *Why Women Have Sex*, a psicóloga clínica Cindy Meston e o psicólogo evolucionista David Buss estão preocupados em encontrar explicações para o sexo no caso das mulheres. A pergunta que dá título ao livro raramente é feita — se é que tal coisa alguma vez aconteceu — em relação aos homens. A resposta de Meston e Buss é que as mulheres fazem sexo por vários tipos de razões: para aumentarem a autoestima; para cimentarem relações; para obterem uma vingança; para se sentirem bem consigo próprias; para experienciarem prazer; para expressarem amor; para maximizarem a fidelidade do parceiro — por todas ou algumas das razões acima mencionadas, não necessariamente por esta ordem. (O posicionamento de Basson é idêntico.) Na verdade, este tipo de abordagens inclusivas ao máximo distendem o conceito de «razões» até aos limites da inteligibilidade; a noção do «porquê» torna-se redundante por via do seu potencial para ter como resposta praticamente qualquer coisa.

Acima de tudo, será que a linguagem das razões é realmente a linguagem certa a utilizar? Esta linguagem invoca mulheres que ponderam racionalmente fatores, em vez de serem impelidas pelo estranho e complexo fenómeno que é a sexualidade, o qual tomamos por garantido nos homens. Está em consonância com uma imagem da sexualidade como algo extrínseco nas mulheres; como algo que está separado da sua pessoa, mesmo que nem sempre a contradiga. Vê as mulheres como retiradas da esfera do sexo, entrando e saindo dela, empenhadas numa análise custo/benefício do sexo que tem em conta os fins considerados habitualmente mais nobres para as mulheres: criação dos filhos, intimidade, proximidade — talvez, a fusão e o esquecimento do *eu* de que falava Dana Densmore. Facilita uma conceção do sexo como a troca de um bem, um recurso que as mulheres «cedem», arriscando no processo uma perda de valor para si mesmas, em troca de algo que elas valorizam mais. Estamos perante uma conceção da sexualidade feminina como uma esfera de compensações e permutas — uma modalidade de comportamento com enfoque nos objetivos, contratual e orientada para o serviço.

Tudo isto tem o risco de resvalar para o pior modelo contratual possível, na raiz do comportamento violento e intimidador dos homens. Se as mulheres ponderarem os seus interesses e valorizarem a intimidade que podem obter em troca, elas concordarão em fazer sexo; é um pequeno passo daqui até ao requisito de que as mulheres devem providenciar sexo para terem as coisas que valorizam, para receberem a dádiva ou a promessa da intimidade. Esta conceção da sexualidade das mulheres não só tende a legitimar a agressão sexual masculina, como também afasta ainda mais as mulheres do seu próprio desejo e prazer.

Entender a responsividade — ao contexto e aos outros — como um aspeto essencial da sexualidade feminina, sem um escrutínio análogo das nossas ideias sobre a sexualidade masculina, dá origem a clichés problemáticos sobre homens que querem e pedem sexo, e mulheres que, depois de ponderarem os seus interesses não sexuais, poderão alinhar na ideia. Num mundo onde as mulheres que dizem *não* ao sexo enfrentam sistematicamente uma incredulidade arrogante e manobras de persuasão insistentes, e no qual as mulheres que dizem *sim* ao sexo são sujeitas a enxovalhamentos e racionalizações ao serviço de pretensos objetivos mais elevados, é extremamente problemático transformar a recetividade ao sexo num aspeto definidor da sexualidade feminina, *deixando ao mesmo tempo intacta a conceção da sexualidade masculina como um impulso*. Este é um cenário em que os homens querem e insistem, e em que as mulheres têm de calcular, decidir e resistir; um cenário inteiramente explorado e explorável por homens que veem o seu desejo como uma prerrogativa biológica, e as mulheres como acessórios persuasíveis. Entender o desejo das mulheres, como responsivo sem questionar as dinâmicas de poder baseadas no género pode rapidamente converter-se numa fantasia aterradora e violenta.

Mesmo que fosse empiricamente verdade que as mulheres ponderam interesses no sexo, será que isto tem mais implicações do que nos parece à primeira vista? Se as mulheres são motivadas por razões não sexuais — manter um parceiro feliz, por exemplo —, talvez isto descreva um fenómeno social, em vez de um aspeto da sexualidade masculina ou feminina *per se* e menos ainda um aspeto profundamente biológico. Se o prazer das mulheres não é sistematicamente tido em conta; se as condições das vidas sexuais das mulheres não são, com frequência, conducentes à luxúria (é difícil sentir desejo quando o teu prazer não é considerado importante), então é de esperar que as mulheres façam sexo por razões que não são, por si só, sexuais.

Da mesma forma, ainda que fosse empiricamente verdade que o desejo das mulheres é mais responsivo ao contexto do que o dos homens e que, como afirma Emily Nagoski, as mulheres evidenciam maior sensibilidade aos fatores inibidores que rodeiam o sexo do que os homens, é provável que também isto seja um fator social: a Rapariga X pode ser chamada de prostituta, mas o James Deen é apenas um garanhão. A sexualidade das mulheres é, com frequência, punida; as mulheres são rotineiramente assediadas, e os seus corpos policiados; de forma constante, elas são relembradas de que estão sujeitas à violência masculina e responsabilizadas por ela. A vergonha, o medo, as proscrições culturais e o trauma — muitas vezes, o trauma sexual — podem ser fortes inibidores da fruição sexual. Ainda assim, as mulheres são incentivadas a reivindicar o seu desejo com confiança. Não admira que muitas mulheres tenham uma relação complexa com o seu desejo; não admira que este precise de ser cuidadosamente suscitado e que as mulheres se inibam com facilidade.

Embora estas afirmações sejam factos, elas não são factos absolutos sobre a sexualidade; são o resultado de um mundo que exige o impossível às mulheres, pedindo-lhes que exibam o seu desejo e dizendo-lhes ao mesmo tempo que os seus prazeres e a sua segurança não são priorizados ou valorizados. É a realidade social que cria as condições de possibilidade para o abandono, a aventura, a libertação e o divertimento. Devemos ter o cuidado de não descrever como um facto em bruto algo que é resultado das sociedades que criámos.

* * * *

Seja como for, as coisas também não se afiguram simples para os homens. Por um lado, os seus desejos emergem num mundo que os aceita, valoriza e protege. Os rapazes — pelo menos aqueles com indícios visíveis de várias formas de privilégio (de raça e classe, por exemplo) — vêm ao mundo cheios de desejos, e o mundo prepara-se para ir ao encontro deles. Não se trata apenas de os *desejos* dos homens heterossexuais serem aceites e encorajados; trata-se de a sua prerrogativa sobre os corpos das mulheres ser enquadrada como desejo natural: o pai de Brock Turner lamentou a condenação do seu filho por «vinte minutos de ação». (O facto de ele ter enquadrado a agressão sexual de uma mulher inconsciente perpetrada pelo seu filho como uma ação é bastante revelador: a agressão e o sexo são intercambiáveis.) A heterossexualidade masculina pode encaixar de forma mais rigorosa na ideia de um impulso biológico precisamente porque as condições são propícias; o desejo dos homens heterossexuais é encorajado, imaginado, representado e atendido a cada instante. É suscitado pela cultura em geral, e o contexto que possibilita esse desejo — por exemplo, a primazia do orgasmo masculino, ou a segurança relativa em relação às agressões sexuais — também o recompensa, criando o círculo virtuoso da excitação, desejo e orgasmo que escapa às mulheres. (Neste ponto, a raça é um fator de diferenciação: a sexualidade dos homens negros é fetichizada como um impulso animalesco, sendo alvo de sanções maiores do que as aplicadas à sexualidade dos homens brancos, especificamente quando a primeira é vista como lesiva para as mulheres brancas.)

Portanto, o desejo masculino é encorajado, mas também requerido. A expectativa que recai sobre os homens para que sejam máquinas incansáveis de desejo não é algo que se deva imitar; a perseguição incansável do horizonte da masculinidade heterossexual não é algo que se deva invejar. Exigir que os homens estejam constantemente dispostos para o sexo, fazendo valer a sua libido em permanência e acumulando conquistas, faz que também *eles* estejam destinados a falhar. A humilhação do fracasso constitui um fardo; um homem que fique aquém das expectativas está sujeito à violência e à humilhação, como inúmeros homens descobriram com grandes custos. Além disso, a incapacidade de alcançar este horizonte impossível gera precisamente os sentimentos de insegurança e vergonha dos quais decorre a violência masculina. Os homens, afinal de contas, odeiam as mulheres para não se odiarem a si próprios.

Também os homens são motivados a procurar sexo por razões não sexuais, tal como as mulheres — por uma necessidade de afirmar a sua masculinidade; pela ligação existente entre ereção, ejaculação e poder; pelos castigos sociais aplicados se eles falharem. Não se trata de as mulheres terem *razões* e *incentivos* para o sexo e de os homens terem um desejo puro; trata-se de tornarmos invisíveis as motivações não sexuais dos homens — as *suas* razões, os *seus* incentivos. Deixamos estes por questionar e tratamos o desejo masculino como um dado biológico, ao invés do comportamento socialmente permitido, sancionado e imposto que ele realmente é.

Nos nossos modelos do sexo, devemos ter o cuidado de não inscrever fenómenos que são, na verdade, sociais — nomeadamente, uma assunção de que o sexo é inerentemente satisfatório para os homens, em paralelo com a aceitação de que o sexo é, para as mulheres, apenas uma compensação para obterem outra coisa de valor para elas.

Ao reconhecermos que fazer sexo pode desencadear outros efeitos apreciados — conexão, intimidade, estabelecimento de um vínculo —, devemos também ter o cuidado de não descartar a possibilidade de o próprio sexo ser capaz de os facultar. Porque não almejar que o próprio sexo seja profundamente e mutuamente prazeroso? Porque não almejar uma cultura que aceite e possibilite o prazer sexual das mulheres, em toda a sua complexidade, e admita também a complexidade do desejo masculino? Será que não podemos almejar um prazer espantoso, universal, democrático, independente do género; um hedonismo disponível para todas as pessoas — aquilo a que Sophie Lewis chamou «uma experimentação sem reservas e polimorfa» para todas as pessoas?

Toda a sexualidade é responsiva; todo o desejo sexual emerge numa cultura que, por sua vez, o molda. Será que podemos reter o que é importante no modelo de Basson — a ênfase na natureza relacional e emergente do desejo — sem o subordinar tanto a uma retórica de impulsos sexuais divergentes entre homens e mulheres? A sexualidade é vivida, aprendida e desenvolvida ao longo do tempo, em contextos particulares; é por isso que o sexo significa alguma coisa para nós — nunca é pura função, mas sempre enriquecedor e repleto de significados. Se queremos que o sexo seja prazeroso e gratificante, devemos concentrar as nossas energias emancipatórias nos contextos sexuais.

3. Sobre a excitação

«As mulheres adoram sexo, ainda mais do que nós», reivindica um artista do engate entrevistado pela socióloga Rachel O'Neill para o seu livro, *Seduction*. De acordo com os artistas do engate, as mulheres podem adorar sexo, mas são condicionadas para policiarem o seu comportamento — para recusarem sexo — por medo de serem vistas como promíscuas. As mulheres representam objeções gestuais antes de concordarem em fazer sexo («resistência simbólica», na sua terminologia pavorosa); mas, se uma mulher volta para casa com um homem, o sexo está praticamente garantido: «Ela sabe isso tão bem como tu.» Existem «umas quantas objeções que tens de ultrapassar para evitar que ela se sinta mal». Se «uma rapariga disser "não" e estiver a falar a sério, respeita isso... Felizmente, em noventa e nove por cento das vezes, ela não está a falar a sério.» As palavras das mulheres são meras inverdades, com o intuito de proteger as suas reputações. A tarefa destes homens consiste simplesmente em chegar ao desejo que já está lá por si só, à espera.

Mas como é que estes homens sabem o que as mulheres realmente querem, tendo em conta que as próprias mulheres, aparentemente, encobrem o seu desejo? A resposta é esta: os homens sabem o que as mulheres querem por aquilo que os corpos das mulheres fazem. «O que as raparigas dizem que querem e aquilo a que elas reagem são duas coisas completamente diferentes», relata um homem a O'Neill. «O corpo dela implora por sexo, mas ela está determinada a não o fazer», relata outro. O corpo de uma mulher e o seu eu não funcionam em articulação — e é o seu corpo que diz a verdade.

É um estribilho comum afirmar-se que, apesar de as mulheres negarem a sua excitação sexual e o seu desejo, elas são traídas pelos seus corpos. Está presente sempre que alguém diz «ela estava tão molhada» ou «eu estava tão molhada» como uma prova de desejo. Em *Bound — Sem Limites*, filme de 1996 realizado pelas irmãs Wachowski no qual duas mulheres, Violet e Corky, se apaixonam e engendram um plano para roubar dois milhões de dólares ao mafioso marido de Violet, a primeira interação sexual entre as mulheres mostra Violet a pegar na mão de Corky e a guiá-la até debaixo da sua saia. «Se não acreditas no que vês, acredita no que sentes», diz ela. No filme *As Cinquenta Sombras de Grey*, a primeira cena de espancamento entre Anastasia e Christian Grey mostra Anastasia a desviar-se enquanto grita de dor. «Dói-me o rosto, está tão apertado.» Mas Christian Grey insere os dedos na sua vagina e responde: «Sente isto. Vê quanto o teu corpo gosta disto, Anastasia.» A excitação física de Anastasia, sugere Grey, é um indicador *verdadeiro* do seu prazer e satisfação. Dá-lhe licença, independentemente do que ela diga ou sinta. O corpo dela supera os seus próprios sentimentos.

As vítimas de agressão sexual podem, às vezes, experienciar uma excitação fisiológica durante um ataque — lubrificação, sensação de estar «molhada» —, bem como atingir o orgasmo; isto é algo de que os advogados tiraram partido em julgamentos de casos de violação, invocando a lubrificação vaginal como prova de que uma mulher «queria» (um fenómeno rotineiro no início do século XX e uma insinuação mais subtil nos julgamentos contemporâneos, segundo a historiadora Joanna Bourke). A excitação fisiológica durante uma agressão sexual pode parecer chocante e contraditória, mas apenas se assumirmos que a excitação fisiológica nos diz alguma coisa exata sobre o prazer, a fruição, o desejo ou o consentimento. Na verdade, muitos investigadores sexuais especulam que a excitação genital poderá ser uma resposta automática, que evoluiu para proteger as mulheres de danos, traumas e infeções durante o sexo. A resposta genital, argumenta Emily Nagoski em *Come As You Are*, «não é desejo». Tão-pouco se trata de prazer — «é simplesmente uma resposta».

Contudo, como vimos, alguns homens instrumentalizam a excitação genital: o que as raparigas «dizem que querem» e «aquilo a que elas reagem» são coisas completamente diferentes; «o corpo dela implora» por sexo. Também a investigação sexual examina avidamente a excitação. A pesquisa levada a cabo por Meredith Chivers e a sua equipa suscitou comentários inflamados. Num estudo-chave, os participantes recostam-se numa confortável poltrona reclinável, com dispositivos de medição encaixados nos seus órgãos genitais — um pletismógrafo peniano encaixado ao redor do pénis, para medir as alterações no volume peniano, e um pletismógrafo vaginal (uma pequena sonda acrílica do tamanho de um tampão) inserido dentro da vagina, para registar as alterações do fluxo sanguíneo no revestimento interno da vagina usando a reflexão da luz. Os participantes assistem a um conjunto de estímulos em formato vídeo: um homem e uma mulher a fazer sexo; um homem nu a caminhar pela praia;

duas mulheres a fazerem sexo; um homem a fazer sexo oral a outro homem; e um par de bonobos a fazer sexo. Todos os vídeos são exibidos durante noventa segundos, e cada um deles é intercalado com um vídeo que mostra um cenário natural sem humanos, concebido para trazer os registos de volta para um patamar-base.

Os homens tendem a reagir com excitação genital — ereções — apenas àquilo que dizem que os excita: aos homens, ou às mulheres, ou a ambos, dependendo da sua orientação sexual, mas em regra não aos bonobos. Em contrapartida, as mulheres, independentemente da sua orientação sexual declarada, reagem com excitação genital a todos os vídeos, incluindo o dos símios. A sua excitação é, no jargão técnico, não específica, enquanto a dos homens é específica em relação aos seus desejos sexuais declarados e orientação sexual. As mulheres, pelos vistos, excitam-se fisicamente com tudo.

Mais: as mulheres podem excitar-se fisicamente com tudo, mas negam-no em absoluto. Os participantes tinham ainda um teclado à sua disposição, com o qual avaliavam os seus sentimentos subjetivos de excitação. As mulheres apresentaram excitação genital com uma variedade maior de estímulos (incluindo os bonobos), mas também apresentaram aquilo a que se chama uma maior «não concordância» entre a sua excitação genital e a sua sensação subjetiva de excitação: as respostas dos seus corpos não correspondem àquilo que elas dizem sentir.

Visto que as mulheres parecem excitar-se fisicamente com tudo — de uma maneira quase cómica —, dizem-nos que elas são muito mais «parecidas com os homens» (vorazes, lúbricas) do que se anuncia nas narrativas habituais sobre a sexualidade feminina. Simultaneamente, as mulheres são também mais *diferentes* dos homens; mais indisciplinadas na sua perversidade polimorfa, reagindo genitalmente a todo o tipo de estímulos visuais. São as mulheres, e não os homens, que reagem aos bonobos.[8]

Tudo isto levou a reivindicações ambiciosas. Para Wednesday Martin, no recente livro *Untrue*, as mulheres são, pelo menos nas suas mentes, «omnívoras descomplicadas e não seletivas»; elas são «superaberrações» e até mesmo «anarquistas sexuais». «As nossas libidos não querem saber das caixinhas em que nos encaixamos.» Para Martin, as descobertas sobre a excitabilidade das mulheres são a prova de que as mulheres precisam de mais variedade sexual do que as relações tradicionais monogâmicas admitem. O conselheiro sexual Kenneth Play concorda que precisamos de contrariar o «profundo mal-entendido» e o «mito cultural de que as mulheres querem menos sexo do que os homens, quando na realidade as mulheres desejam sexo tanto quanto os homens, se não mesmo mais». No livro *What do Women Want?*, publicado em 2013, Daniel Bergner escreve que, para as mulheres

[8] O papel sensacionalista destes bonobos no comentário sobre a investigação sexual pressupõe que os animais não podem ser verdadeiros objetos de excitação ou desejo para os humanos — que a excitação genital das mulheres perante um animal a fazer sexo é uma questão intrigante por desvendar. Porém, os investigadores sexuais e os seus leitores fariam bem em consultar a recolha de fantasias sexuais das mulheres elaborada por Nancy Friday, *My Secret Garden*, publicada com grande alarde em 1975. Uma percentagem não insignificante das fantasias recolhidas pela autora incluía animais nos seus contextos; por exemplo, o pastor-alemão de um vizinho e a sua língua muito comprida. Ao assumirem que os animais não podem ser objetos de desejo para os humanos, embora sejam misteriosamente a causa da excitação, estes estudos e debates ignoram o papel crucial da fantasia na vida sexual; a fantasia, como as feministas argumentam há décadas, comporta uma relação não direta com a realidade.

cuja não-concordância foi alvo do estudo de Chivers, «tudo era desacordo». «[O] teclado contradizia o pletismógrafo, contradizia-o por inteiro. As mentes negavam os corpos.» A sexualidade feminina surge neste livro como perversa, desconcertante e epistemologicamente problemática. Não é apenas muito menos afável e respeitável do que supunham os truísmos habituais — é também muito mais *estranha*. Além disso, a obra desmonta a assunção «tranquilizadora, talvez acima de tudo, para os homens, mas à qual ambos os sexos se agarram», de que o eros feminino se adequa melhor à monogamia do que a libido masculina. (O livro de Bergner, segundo o próprio, «deixou em choque» um editor.) Martin, por seu turno, alonga-se em considerações entusiásticas sobre as pesquisas que expõem estas verdades, descascando as múltiplas camadas de transigência e constrangimento que «tão exaustivamente abafam e deformam a sexualidade feminina e fazem que as mulheres não se conheçam a si mesmas e às suas próprias libidos». Os investigadores sexuais, escreve Martin, desafiam «as nossas assunções mais profundamente enraizadas e diletas sobre quem são as mulheres, o que nos motiva e o que queremos». As nossas individualidades sexuais são «repensadas, reexaminadas e talvez por fim reveladas». A investigação sexual pode ser justamente a chave para a realização sexual e a libertação política: o título completo do livro de Martin é *Untrue: Why Nearly Everything We Believe About Women, Lust, and Infidelity Is Wrong and How the New Science Can Set us Free* [*Inverdade: Porque é que quase tudo aquilo em que acreditamos sobre mulheres, luxúria e infidelidade está errado e como a nova ciência pode libertar-nos*].

Para estes comentadores, é principalmente graças à investigação sexual que, amanhã, o sexo voltará a ser bom.

A investigação sexual irá, para usar outra expressão de Foucault, «articular verdades e prometer alegria», combinando o «fervor do conhecimento» com o «anseio por um jardim dos prazeres terrenos». E é perscrutando heroicamente o corpo feminino que esta verdade será articulada e a felicidade prometida.

Deve notar-se que estes livros procedem de um lugar de solidariedade, sendo compassivos em relação aos critérios duplos que moldam a experiência feminina do sexo. Para qualquer mulher que alguma vez tenha experienciado dificuldades sexuais por se sentir constrangida, envergonhada ou em perigo, a ideia de que a sua sexualidade está imersa em restrições sociais faz sentido a um nível intuitivo. A linguagem da «desconexão» usada rotineiramente pelos comentadores pode bem ser evocativa.

Mas será que a investigação científica pode tornar o sexo bom de novo? E será que a resposta genital é o dado crucial, a informação decisiva? Em *The Sex Myth*, Brooke Magnanti escreve que há uma diferença entre «o que as mulheres reportam que as excita e aquilo que *realmente faz que os seus corpos reajam*». Podemos pensar que sabemos «o que excita as pessoas, mas os dados fornecem aos investigadores um quadro bastante diferente». Para Magnanti, a sexualidade de alguém está localizada nas suas respostas fisiológicas, genitais, e resta à mente, ao eu, à pessoa, simplesmente segui-las. Da mesma forma, Alain de Botton escreveu que vaginas lubrificadas e pénis tumescentes são «agentes inequívocos de sinceridade», precisamente porque são automáticos, logo, não falsificáveis. Porém, o que é automático não passa de uma resposta, nada mais — e uma resposta fisiológica não tem competência para ser sincera; só as pessoas a têm. A excitação fisiológica não nos diz nada de exato sobre os desejos sexuais; nem sequer nos diz nada de exato sobre a excitação.

* * * *

Porque tomamos a excitação genital por um substituto do prazer e do desejo? Em parte, porque a excitação — a lubrificação — é importante para que o sexo seja subjetivamente prazeroso de todo em todo; a diminuição da lubrificação na altura da menopausa e após é uma causa de descontentamento referida com frequência pelas mulheres. Além disso, as mulheres heterossexuais podem pôr a ênfase na lubrificação devido à tendência dos homens para avançarem rapidamente para o sexo penetrativo antes de uma mulher estar «pronta» para aquele que é, por sistema, enquadrado como o ato principal. Assim, a lubrificação pode substituir o bom sexo, constituindo um indício de que houve «preliminares», de que o sexo decorreu ao ritmo da mulher e não apenas do homem. Uma vez que a excitação genital conduz ao prazer e ajuda a reduzir o desconforto, a nossa tendência tem sido tratá-la como se fosse exatamente a mesma coisa que uma sensação subjetiva de prazer — em particular, tendo em conta o foco heterossexual de grande parte da investigação e aconselhamento sobre sexo.

Existem outras razões para o foco na excitação genital. É com certeza difícil aceder àquilo que as pessoas realmente fazem ou sentem na investigação; por rotina, mentimos sobre vários fenómenos, ou subestimamo-los, ou não os julgamos adequadamente: quantas horas dormimos, quanto álcool consumimos, qual é o nosso grau de preconceito. As pessoas são irregulares e amiúde têm vergonha, sobretudo no que diz respeito a falar sobre sexo — podem sentir-se desconfortáveis quanto àquilo de que gostam e quererem parecer normais. Isto torna o autorrelato lamentavelmente pouco fidedigno na investigação social e psicológica. O recurso a dados fisiológicos «concretos» é uma solução apelativa para esta incapacidade humana de auto-observação precisa — uma solução com uma robusta genealogia histórica.

No decurso do século XX, emergiram dois modos distintos de falar sobre sexo. O primeiro tinha raízes no final do século XIX, e os seus exemplos característicos são os estudos de caso de Havelock Ellis, Richard von Krafft-Ebing e Freud. Estes estudos veiculavam uma profunda abertura e benevolência, tal como um fascínio ambivalente pela classificação dos «desvios». Este modo punha o indivíduo no centro de um sistema de conhecimento; um forte engajamento com as particularidades renderia informações fascinantes sobre a sexualidade humana.

O segundo modo está associado a figuras como Alfred Kinsey (cujos relatórios foram publicados no final dos anos 1940 e início dos anos 1950), além de William Masters e Virginia Johnson (cujo primeiro livro, como vimos, foi publicado em 1966). Esta abordagem procurava a segurança nos números e na agregação em massa: observações recorrentes de inúmeros corpos. Kinsey e a sua equipa dirigiram uma bateria de questões a milhares de participantes (dezasseis mil, na verdade), numa tentativa de quantificar os segredos de uma população. Nos anos 1960, os laboratórios de Masters e Johnson foram intrusivos de uma maneira diferente, com os mecanismos voyeurísticos a serem transferidos para câmaras penetrativas, sondas e sensores, num erotismo das máquinas.

Kinsey, um entomologista de formação, tinha um compromisso rigoroso — até obsessivo — com a coleta de dados; o seu trabalho notabilizou-se pela enorme escala de quantificação e por uma contabilização e catalogação incansáveis. Antes da investigação sexual, percorrera os Estados Unidos da América, identificando meticulosamente espécies de vespas-das-galhas. Posteriormente, ele e a sua equipa de investigação aplicaram a mesma atenção forense ao sexo, fazendo centenas de questões a indivíduos, cara a cara, em entrevistas que duravam até duas horas. Kinsey enfatizava, como a sua unidade de medida, a «descarga sexual»; ele contabilizava orgasmos e tentava descobrir como é que as pessoas os atingiam. Trezentas das suas questões incidiam sobre o conteúdo do sexo, o seu contexto, as posições sexuais, a percentagem de atos sexuais que conduziam ao orgasmo; e as restantes incidiam sobre a masturbação, a homossexualidade, as angústias, o contacto sexual com animais e os problemas sexuais.

Kinsey admitia que o orgasmo não era uma medida inteiramente adequada da experiência sexual. Porém, argumentava que era a única medida suficientemente diferenciada para permitir o tratamento estatístico. Este foco na descarga, excluindo atividades não conducentes ao orgasmo, serviu importantes funções progressistas. Possibilitou, por exemplo, o foco nos orgasmos das mulheres como acontecimentos por direito próprio — independentemente de como esse orgasmo fosse atingido —, permitindo que a sexualidade feminina fosse vista como independente da reprodução ou do casamento. Também habilitou Kinsey a despromover o coito heterossexual realizado dentro do casamento a apenas uma de entre um vasto conjunto de atividades, da masturbação ao sexo homossexual, e incluindo o sexo com animais. Por esta via, a «descarga» deixou a descoberto as hierarquias da atividade sexual.

As conclusões do relatório foram explosivas numa época profundamente conservadora nos Estados Unidos da América; quase 90 por cento dos homens tinha feito sexo pré-conjugal, e mais de um terço havia tido experiências homossexuais conducentes ao orgasmo. Metade das mulheres não era virgem quando se casara, e dois terços haviam experienciado orgasmos antes do casamento. Aproximadamente um terço dos homens e das mulheres havia tido pelo menos uma experiência homossexual. Entre os homens, oito por cento haviam alcançado o orgasmo com um animal de outra espécie. O foco de Kinsey no orgasmo — uma conveniência matemática — teve profundas implicações políticas, o que explica alguma da acrimónia dirigida aos «Relatórios Kinsey», pois estes estilhaçavam o consenso heteronormativo sobre o sexo no período pós-guerra. Pouco tempo depois, Kinsey foi investigado pelo Congresso e perdeu o financiamento da Fundação Rockefeller.

A amostra demográfica de Kinsey, tal como a de Masters e Johnson, não era universal; os seus dados tinham um viés demasiado branco. Além disso, embora Kinsey tivesse consciência dos problemas relacionados com os métodos de entrevista — será que os participantes diriam a verdade, tendo em conta a vergonha e o opróbrio em torno do sexo? —, ele não reconhecia plenamente as dinâmicas psicológicas características das próprias entrevistas, tão-pouco da sua tática para contornar a vergonha das pessoas: perguntar-lhes, em relação a qualquer atividade sexual, quando a tinham experimentado pela primeira vez, e não se a tinham experimentado (seria isto uma forma de as pressionar?). As entrevistas cara a cara não eram uma fonte de informação isenta de problemas. Kinsey, com o seu casaco de *tweed* e a sua pequena gravata-borboleta, dirigindo perguntas atrás de perguntas aos seus objetos de estudo — muitos dos quais provavelmente nunca tinham discutido este tipo de detalhes sexuais com ninguém

— poderá ter afetado os seus participantes mais do que ele gostava de pensar. Há sempre uma fantasia que se intromete, mesmo — e talvez especialmente — num contexto que envida todos os esforços para ser puramente factual. Uma tecnologia aparentemente neutra de questionamento imparcial pode ostentar, na verdade, uma centelha de erotismo, ou ser, pelo menos, provocadora e inquietante. Nenhuma técnica é neutra, e o sexo pode alterar a sua forma indefinidamente.

Os estudos sobre sexo tentam isolar a pessoa sexual (ou será o corpo sexual?), imobilizando-a, retirando-a da cultura e da sociedade, definindo-a, para localizar uma sexualidade não contaminada pelo mundo exterior. Tais estudos poderiam facilmente ser descritos como cedências a uma fantasia de extração e simplificação; como encenações de uma farsa de isolamento, de redução, de concentração naquilo que realmente importa. Mais: estes estudos conservam com frequência uma singular ingenuidade em relação àquilo que podem acrescentar ou deixar entrar — o erotismo que poderão estar a *criar* no processo. Da mesma forma, Masters e Johnson não podiam simplesmente estudar o sexo sem afetar aquilo que examinavam. E o erotismo de ser observado por um casal com uma obsessão conhecida por sexo, à porta fechada numa universidade respeitável, enquanto se têm relações sexuais? Tão-pouco os investigadores contemporâneos podem estudar o sexo sem o afetar, independentemente dos seus métodos de controlo e contenção, das suas cadeiras confortáveis, das suas sondas e estímulos (ou graças a estes). Os próprios estudos são escopofílicos e, embora constituam uma tentativa meritória de estudar o sexo, nunca poderão fugir ao facto de que também eles *são* sexo.

Contudo, Kinsey mediu aquilo que podia medir — tal como Masters e Johnson, cujas aparições públicas envergando batas brancas de laboratório eram uma cuidadosa estratégia para evocar a respeitabilidade científica do seu trabalho. A investigação sexual sempre teve de gerir a sua imagem, insistindo talvez mais do que era útil ou correto na neutralidade dos seus métodos. E, porque a quantificação está intimamente associada à objetividade e neutralidade (dois dos valores mais reverenciados do empreendimento científico), a investigação sexual apoiou-se frequentemente nos seus métodos para garantir ao público, e talvez a si mesma, que é, de facto, todas estas coisas: objetiva, neutra e, acima de tudo, não pornográfica. A investigação sexual mede aquilo que pode medir; isto é tão verdadeiro hoje como no passado.

* * * *

As experiências científicas beneficiam frequentemente de uma verbosidade extasiada na cobertura da investigação sexual contemporânea. As experiências científicas, dizem-nos, podem escalpelar os fenómenos culturais que interferem com o desejo, desbravando caminho através da confusão do relato subjetivo e entregando-nos o núcleo túrgido e suado da própria sexualidade. Trata-se de uma ideia sedutora: os pletismógrafos encarregados de medir objetivamente a lubrificação, as palpitações e o fluxo sanguíneo ou as máquinas que detetam os movimentos oculares, a frequência cardíaca e a dilatação das pupilas podem dizer-nos o que as mulheres realmente querem. Esta fantasia — a de que podemos desbravar caminho até chegar à verdade — é sedutora, porque vivemos numa cultura de medição, uma cultura em que acreditamos que, se alguma coisa pode ser medida, ela deve ser medida; e, além disso, que aquilo que pode ser medido nos dirá alguma coisa significativa. Dir-nos-á, finalmente, a verdade.

Todavia, os corpos em grande parte das investigações sexuais são corpos cuja manipulação tem de satisfazer conselhos de ética em institutos de pesquisa. Muitas vezes, os participantes recebem ordens para não se masturbarem ou são imobilizados — de modo geral, é difícil obter financiamento para a investigação sexual, mas é particularmente difícil assegurar financiamento para uma investigação que se aproxime da masturbação ou do próprio sexo. Nesse caso, o que medem exatamente estas experiências? Quando medimos o fluxo sanguíneo vaginal de uma mulher, com um pletismógrafo dentro dela, mantendo a imobilidade ao máximo enquanto visualiza várias opções de pornografia (não escolhidas por si), sem se mexer e, sobretudo, sem se tocar, por um período limitado, eu duvido de que possamos dizer com seriedade que estamos a observar a excitação sexual em funcionamento — menos ainda, o desejo. Julgo que observamos o fluxo sanguíneo vaginal de uma mulher, com um pletismógrafo dentro dela, mantendo a imobilidade ao máximo enquanto visualiza várias opções de pornografia (não escolhidas por si), sem se mexer e, sobretudo, sem se tocar, por um período limitado.

A excitação sexual é geralmente estudada em contexto de laboratório pela exposição a várias fontes de estímulos. Mas o que é considerado um estímulo legítimo? Por vezes, os estudos recorrem à fantasia, mas é mais comum usarem audiodescrições de atos sexuais e imagens visuais ou filmes. Estes estudos raramente examinam os efeitos de tipos específicos de pornografia (embora estes também existam). Em vez disso, tendem a encarar a pornografia como uma entrada neutra, a partir da qual é possível gerar declarações independentes do contexto sobre a sexualidade feminina.

No entanto, a pornografia é tudo menos neutra — e as pesquisas que analisam especificamente as respostas das mulheres a diferentes tipos de pornografia revelam que elas reagem de forma diferente consoante aquilo que estão a ver. As mulheres, pelos vistos, reportam maior excitação sexual subjetiva com filmes «centrados nas mulheres», e não com a típica pornografia comercialmente disponível. Além disso, esta última tende a diminuir a excitação sexual subjetiva nas mulheres, mas não diminui a resposta genital. Quando visualizam pornografia genérica, a excitação fisiológica das mulheres é, pois, idêntica à que ocorre quando visualizam outros tipos de pornografia, mas o sentimento que experienciam em relação àquilo que estão a visualizar é mais negativo. Excitação genital é excitação genital, independentemente do estímulo. Porém, as mulheres têm diferentes respostas subjetivas a diferentes estímulos.

Neste momento, podemos interpretar esta pesquisa como demonstrativa de que as mulheres ficam *de facto* sexualmente excitadas com todos os tipos de pornografia, mas estão desconectadas da sua própria excitação — as suas mentes desfasadas, ou em negação, daquilo que realmente apreciam e querem. Ou podemos interpretá-la de outro modo: como demonstrativa de que os corpos das mulheres reagem a praticamente toda a pornografia (que constitui, afinal de contas, um estímulo poderoso concebido para produzir uma reação física), embora elas, enquanto indivíduos, apenas apreciem determinados tipos. A excitação genital não nos diz tudo o que há para saber sobre a sensação subjetiva de excitação sexual — sobre o que alguém aprecia. Só nos diz algo sobre a excitação genital.

É igualmente digno de nota que as mulheres demonstram níveis mais elevados de excitação sexual subjetiva quando expostas a elementos que usam várias imagens, bem como uma combinação de meios auditivos, visuais e escritos. Uma maior variação — de meios, de corpos, de atos — e excertos mais longos preenchem a lacuna entre as respostas genitais e a excitação subjetiva existente noutros estudos. Será a tão falada desconexão entre a excitação das mulheres e a sua experiência subjetiva — a sua não-concordância — um artefacto da medição, um resultado da forma como a resposta sexual é estudada? Julgo que sim.

Se tomarmos como garantidas certas condições — imobilização, visualização de pequenos excertos de pornografia convencional — e os nossos dados revelarem uma não-concordância, podemos concluir que o sentimento subjetivo de excitação das mulheres está enigmaticamente desconectado da sua excitação verdadeira e real. Mas estaremos então a assumir que estes estudos *já sabem* o que é excitante para as mulheres e que o estudo da resposta genital é a forma de descobrir alguma coisa importante sobre a excitação subjetiva. Estaremos a assumir que o genital esgota o sexual. Na verdade, as assunções sobre o que constitui o erótico estão a ser incorporadas nos métodos que reclamam o estudo da resposta sexual. O que está a ser estudado pode, com efeito, não contar como erótico para as mulheres — e assim, nestas condições laboratoriais, o que está em causa não é a ocorrência da excitação sexual e o facto de as mulheres estarem desconectadas dela; o que está em causa é que aquilo que o laboratório estuda não é excitação sexual.

Isto não é surpreendente. Porque é que julgámos que despojar a sexualidade do seu contexto, da sua textura de vida, e reduzi-la a uma visualização passiva de elementos com participantes ligados a máquinas poderia dizer-nos algo de significativo sobre qualquer outra coisa a não ser sobre essas condições específicas? As próprias condições são dissociadas de forma extrema dos contextos psicológicos e interpessoais profundamente enraizados nos quais o sexo — bom ou mau — acontece e em que o desejo floresce. A pornografia não é uma entrada neutra capaz de suscitar fenómenos — é uma tecnologia com um grande peso que afeta extraordinariamente o fenómeno em estudo. A confiança nestas condições de investigação indicia uma persistente relutância em pensar sobre o modo como os corpos e os processos fisiológicos se revelam num contexto incessantemente cultural.

É tentador desconsiderar o aspeto subjetivo como enganador. Mas é possível que existam esferas em que é precisamente o subjetivo — aquilo que as pessoas dizem que sentem, em vez do que os seus corpos exibem — que mais importa. E é possível que o sexo seja, por excelência, esta esfera: uma esfera onde o irregular e o individual são absolutamente cruciais. O sexo é um dos fenómenos humanos mais difíceis de estudar, porque o sexo é algo que acontece entre as pessoas, em contexto e sob condições que não são replicáveis. A sexualidade incorpora uma quantidade infindável de elementos alheios. É imaginativa, conceptual, fantasiosa e fervilha de cultura. A fantasia de ir além da algazarra enganadora da mente para chegar à verdade essencial do corpo articulada em infatigáveis abordagens da investigação sexual ao longo dos anos — uma fantasia, aliás, com um forte teor penetrativo — adere à ideia segundo a qual «o que é verdadeiro e natural parece estar subjacente», como escreveu a antropóloga Marilyn Strathern. Adere ainda à ideia de que podemos encontrar uma tecnologia neutra para estudar o sexo, sem interferências, no seu ambiente natural.

As mulheres experienciam respostas genitais a uma multiplicidade de estímulos, incluindo bonobos, e também estímulos de ameaça sexual — sejam imagens ou fantasias de violação, ou experiências reais de agressão sexual. Apressarmo-nos a inferir, a partir das medições da excitação genital, aquilo que de facto excita as mulheres, e até mesmo aquilo que de facto elas desejam, é falacioso. Gostaríamos de acreditar que o corpo não mente, mas a única coisa que o corpo faz é dar-nos informação complexa. O corpo não é um árbitro, não deve ser um árbitro. Se nos importamos com o prazer e se nos importamos com o consentimento e o entusiasmo, então o aspeto subjetivo é precisamente aquilo a que devemos atender em força. Devemos priorizar o que as mulheres dizem, em toda a sua complexidade, ao invés de fetichizar o que os seus corpos fazem em nome de um cientificismo falacioso.

* * * *

Seja como for, a nossa forma de pensar sobre o que o corpo nos diz é bastante diferente no caso dos homens. Em 1999, quando o político Bob Dole participou numa campanha de informação sobre a disfunção erétil (paga pela Pfizer, a fabricante do Viagra), este foi um gesto arriscado da sua parte. O anúncio evitava algum do seu potencial embaraçoso, sublinhando que os problemas de disfunção erétil de Dole haviam resultado do tratamento para o cancro da próstata. Isto levou a doença (que costumava ser referida por um termo mais estigmatizante: «impotência») para longe da sua pessoa, até à zona impessoal de um efeito secundário provocado por um medicamento.

Quando a Pfizer lançou o Viagra no mercado, em 1998, a farmacêutica envidou todos os esforços para demonstrar que o medicamento corrigia um problema fisiológico — uma falha técnica relacionada com o mau funcionamento do sistema hidráulico; não se destinava a uma falha do desejo ou da potência viril. Hoje, os medicamentos para a disfunção erétil existem em abundância, mas naquela época a empresa abria novos e controversos caminhos. A sua estratégia de *marketing* garantia que o Viagra era um fármaco vasoconstritor que aumentava a intumescência, proporcionando uma elevação mecânica; o medicamento não gerava o desejo masculino; tão-pouco, por essa mesma razão, admitia a existência de uma falha da potência viril. Provavelmente, a empresa escolheu esta estratégia porque sabia que a redução do desejo nos homens era vista como causa de emasculação. A maior parte dos homens experiencia a incapacidade de suster uma ereção como uma circunstância angustiante e humilhante, e esta é precisamente a razão pela qual o Viagra foi um sucesso tão grande para a Pfizer. De forma astuciosa, a empresa também pressentiu que a falha do desejo num homem constitui um oxímoro; é mais humilhante, e talvez mais impensável, que um homem não experiencie desejo sexual subjetivo do que a ocorrência de uma anomalia técnica na mecânica da excitação. Afinal de contas, o que é um homem sem desejo? A masculinidade *é* libido, apetite, empolgação.

As mulheres — dizem-nos escritores, artistas do engate e Christian Grey — estão desconectadas da verdade pela qual os seus corpos «imploram», ou são desonestas em relação a ela. Na definição do Viagra, em contrapartida, não há qualquer possibilidade de os sentimentos de um homem estarem «desconectados» da verdade que o seu corpo nos conta. Pelo contrário, a sua sensação subjetiva de interesse pelo sexo, a despeito da sua impotência, é tomada como a verdade. É ele, e não o seu corpo, quem diz a verdade — e nós acreditamos nele. A individualidade, e a sua relação com o corpo, é diferente nos homens e nas mulheres: os homens são autoridades sobre si mesmos, ao contrário das mulheres.

* * * *

Em 1941, a Mulher-Maravilha apareceu em formato de banda desenhada, com umas botas de cabedal vermelho e uma tiara dourada como adereços. Foi criada por Charles Moulton (um pseudónimo de William Marston) em colaboração com a psicóloga Elizabeth Holloway, com quem Marston era casado. Holloway era uma das mulheres com quem Marston vivia uma relação a três; a segunda mulher era Olive Byrne, sobrinha de Margaret Sanger, a ativista em prol da contraceção e defensora do amor livre. Segundo Marston, a Mulher-Maravilha inculcaria «uma feminilidade forte, livre e corajosa», inspirando as raparigas a serem autoconfiantes e bem-sucedidas em arenas predominantemente dominadas por homens. Ela era, afirmava Marston, «propaganda psicológica para o novo tipo de mulher que, no meu entender, deveria governar o mundo».

A Mulher-Maravilha tinha um laço mágico que obrigava todos aqueles que ficassem presos nele a dizerem a verdade. Em *The Secret History of Wonder Woman*, Jill Lepore observou que o laço possuía conotações ligadas às práticas BDSM de prender, amarrar, talvez até de sofrer castigos. Contudo, o laço era também uma espécie de polígrafo feminista, captando a verdade, desmascarando as mentiras. E quem fora determinante para o desenvolvimento do polígrafo moderno? William Marston. Antes, já existiam tecnologias para a deteção de mentiras, com raízes na criminologia do século XIX e baseadas na ideia de que a mentira está intimamente relacionada com a excitação fisiológica: transpiração, enrubescimento, aumento da frequência cardíaca. Mas o teste de deteção com base na pressão arterial sistólica, idealizado por Marston em 1915, levou a tecnologia mais longe, medindo a pressão arterial em intervalos regulares durante os interrogatórios.

Os detetores de mentiras são, evidentemente, pouco fidedignos. Contudo, eles são usados de forma sistemática e generalizada, em grande parte devido à campanha evangelizadora do próprio Marston. Ao longo dos últimos cem anos, houve um aumento exponencial no uso do polígrafo, em paralelo com descobertas recorrentes sobre a sua falibilidade científica. O detetor não testa infalivelmente se alguém está a dizer a verdade, e não existe nenhum indício fisiológico absolutamente fidedigno de que alguém está a mentir (a pulsação acelerada e o aumento da frequência cardíaca podem indicar culpa, mas também nervosismo). Para alguns proponentes do seu uso, o detetor de mentiras é útil como uma ferramenta interrogativa na qual o examinador é tão importante quanto a máquina. É eficaz para obter confissões instantâneas e para monitorizar comportamentos, em parte devido à «mentira da sua própria infalibilidade», como escreveu Ian Leslie em *Born Liars*. Parece pôr o foco nas consciências culpadas, aquelas convencidas de que a tecnologia revelará a sua culpa. Se funcionar, será mais como um placebo — porque as pessoas acreditam que funciona. Além disso, o detetor de mentiras possui um estatuto cultural icónico, com participações em inúmeros filmes, pressionando suspeitos com testas a escorrer suor, ameaçando revelar a verdade que os seus corpos não conseguem esconder.

O detetor de mentiras sempre teve raízes forenses e legais; na sua génese, esteve a preocupação com o crime e a revelação da verdade. Mas, no instante em que o polígrafo começou a ganhar popularidade, surgiu também a preocupação de determinar a verdade sobre a sexualidade das mulheres. Em 1928, numa experiência levada a cabo no Embassy Theater, em Nova Iorque, não muito diferente das experiências realizadas pelos investigadores sexuais hoje em dia, Marston e Byrne fixaram punhos de medição da pressão arterial em seis coristas — três loiras e três morenas — e registaram os seus níveis de excitação enquanto visualizavam o clímax romântico do clássico da MGM *A Carne e o Diabo*, filme mudo de 1926 protagonizado por Greta Garbo. Jornalistas e fotógrafos foram convidados a assistir à experiência. (As morenas, aparentemente, ficaram excitadas com mais facilidade do que as loiras.)

Na fase inicial dos testes de pressão arterial, Marston enaltecera, em inúmeros artigos de revista, as virtudes da tecnologia ao serviço do aconselhamento matrimonial. A confiabilidade de uma mulher, sugerira Marston, podia ser determinada pela comparação da sua reação a um beijo do marido com a reação a um beijo de um desconhecido atraente. Assim, o detetor de mentiras sempre esteve também ligado à preocupação de explorar as verdades do corpo ocultas pelas mentiras ou distorções do sujeito — a mulher. Na génese do detetor de mentiras, as mulheres eram invocadas como seres inescrutáveis e, possivelmente, enganadores. O polígrafo deixaria à vista os desejos sexuais de uma mulher — as verdades que o seu corpo revela.

A tecnologia-fetiche da investigação sexual contemporânea é o pletismógrafo vaginal — uma sonda penetrativa que, supostamente, dá acesso à verdade sobre a sexualidade das mulheres. O polígrafo quer identificar a mentira; o pletismógrafo quer identificar a verdade. Porém, ambos acreditam na mesma coisa — a saber, que o corpo nos diz a verdade e toda a verdade. Se o corpo feminino não é uma superfície legível, então é uma profundidade legível. Para o detetor de mentiras e para o pletismógrafo, a verdade — sobre a sexualidade ou a personalidade — não é visível à superfície e decerto não é transmitida infalivelmente pelo sujeito, mas reside antes num lugar profundo dentro de nós.

Tanto o pletismógrafo quanto o detetor de mentiras tentam captar aquilo que Linda Williams, seis décadas mais tarde, designaria como «o frenesim do visível». Williams escrevia sobre pornografia no seu livro disruptivo de 1989, *Hard Core*, um dos primeiros estudos académicos sérios sobre o cinema pornográfico. Ela argumentava que a busca de uma imagem inatingível do prazer feminino fora crucial para o desenvolvimento da pornografia — uma imagem que espelharia a exibição altamente visível da ereção e ejaculação nos homens. A fantasia central do cinema pornográfico *hardcore*, sugeria Williams, era a tentativa de «captar este frenesim do visível num corpo feminino cuja excitação orgásmica nunca pode ser objetivamente medida».

O polígrafo mede a excitação fisiológica para captar uma verdade fugidia, e a mesma coisa faz a medição da excitação genital com um pletismógrafo. Há algo de inegavelmente sexual nesta epistemologia partilhada; nesta preocupação em definir e tornar visível um desejo feminino fugidio. A sua captação é erótica; a verdade fugidia da sexualidade feminina finalmente presa na laçada. É a ejaculação para cima do corpo: aqui temos a verdade sórdida!

A mulher examinada pela investigação sexual — na verdade, criada pela investigação sexual — mantém o seu desejo oculto, dela e dos outros. Os investigadores sexuais e os seus comentadores entusiásticos defendem que a sexualidade feminina deve tornar-se visível, ser posta à vista de todos; a excitação deve ser rastreada e perseguida; o desejo deve ser desmascarado e revelado. Mas porque é que os segredos têm forçosamente de ser descobertos?

* * * *

No filme de Josh Appignanesi, *Fêmea Animal Humana*, a escritora Chloe Aridjis, no papel de uma versão ficcionalizada de si mesma, finaliza a montagem de uma exposição com a sua curadoria, dedicada à artista Leonora Carrington. Quando está a dar os últimos retoques no espaço, ela vislumbra um desconhecido atraente que parece estar a jogar às escondidas consigo nas salas da Tate Liverpool. O homem faz sons de pássaro através de uma janela; ela vê-o de relance por trás de uma cortina de plástico que ainda separa duas das salas. Encontra-o e perde-o de vista; sai do edifício, segue-o com os olhos e perde-o de novo. Tenta obter informações na receção central do edifício. Enquanto se esforça para o descrever ao rececionista — ela está embaraçada, balbuciante —, alguém surge nas suas costas: um agente da Scotland Yard. Num tom ligeiramente sarcástico e oficioso, ele notifica-a de que um homem alto com cabelo escuro foi visto nas imediações do edifício. O detetive insinua que o homem é perigoso, embora seja provocadoramente vago nos detalhes.

O mundo fantasioso de Aridjis foi acionado pela figura enigmática e fugidia da qual ela teve um vislumbre; o seu desejo e curiosidade foram ativados. E, na senda desse momento de ativação — assim que ela articulou o seu desejo —, foi conjurada uma perspetiva forense. *Fêmea Animal Humana* remete-nos para a sombra legalista e criminal que paira sobre o desejo das mulheres. As mulheres temem justamente o homem violento, mas também temem justamente o questionamento do seu desejo, temem que lhes seja pedido para prestarem contas do seu desejo, que o holofote severo do interrogatório se vire para si — literalmente, na sala de audiências e, metaforicamente, nas suas mentes.

A cautela e a desconfiança, o risco e o perigo, assomam à vista juntamente com o anseio e a curiosidade, e o fantasma da responsabilidade das mulheres por esse perigo paira sobre tudo — afinal de contas, ela foi avisada. Assim que uma mulher articula um desejo, a sua culpa está implícita. Desejo e criminalidade, anseio e responsabilidade — tudo isto é despertado em conjunto. Para as mulheres, o desejo convoca o interrogatório; a curiosidade convoca a desconfiança; o anseio convoca a lei para dentro das nossas mentes, o forense para dentro dos nossos prazeres.

Aridjis foi desmascarada. Depois de algumas noites irregulares e confusas, regressa a casa certa manhã e encontra o desconhecido fugidio à sua porta. Os dois combinam encontrar-se em Hampstead Heath. Ele é intrigante, excêntrico, por vezes divertido, outras vezes assustadoramente estranho. Acabam na receção de um hotel, onde se desenrola uma conversa atabalhoada. Sobem para o quarto dele; tiram as medidas um ao outro. Beijam-se e, no momento a seguir, estão na cama. Ele desaparece para a casa de banho e volta a aparecer de súbito, veloz, segurando uma espécie de folha de plástico, com a qual tenta sufocá-la. Ela consegue fugir; ele vai atrás dela e persegue-a através do silvado. Alcança-a e parece estar a tentar matá-la; mas, nessa altura, o plano muda para a relva — o cantarolar matinal dos pássaros está ao rubro — e, quando volta ao ponto de partida, ela está a socá-lo com alguma coisa. Aparentemente, finaliza a tarefa. Não conseguimos ver bem.

No início do filme, vimos Aridjis pouco à vontade, com dificuldades para se expressar; gaguejante e assoberbada em palestras; ansiosa por causa do discurso que deveria fazer na abertura da exposição. Depois do silvado, depois da sua violência matinal, ela regressa à vida sentindo-se rejuvenescida, energizada, apurada. Com confiança e determinação, envia um manuscrito ao editor medonho que antes mal podia esperar para tirar proveito das suas dificuldades e que, agora, fica desconcertado com a sua repentina firmeza. Discursa fluentemente, com prazer e concisão, em entrevistas sobre Carrington. A sua *verve* está de volta; a vida parece mais nítida, mais clara. Quando os amigos lhe perguntam como correu o encontro com o desconhecido, ela responde: «Oh! Acabei por lhe esmagar a cara com uma pedra.» Ouve-se uma risada geral.

A narrativa à qual vários comentadores subjugam a investigação sexual é esta: as mulheres têm desejos vorazes que são mantidos sob controlo por uma sociedade que as envergonha pelo apetite sexual. O desejo feminino é poderoso, mas restringido — e defender a força do «verdadeiro» desejo das mulheres é, por definição, libertador. O conhecimento científico sobre as mulheres equivale à emancipação, particularmente se o que este descobrir for uma libido robusta.

Porém, esta narrativa sugere uma preocupação mais complexa e sombria. A premissa que aflora por detrás desta investigação e de todo o discurso em torno dela é a de que precisamos de saber a verdade sobre o desejo sexual feminino para dominar a tensa dinâmica entre homens e mulheres — a dinâmica que vimos culminar, nos últimos anos, em tamanha incompreensão mútua, raiva e ressentimento. Esta é também uma ideia conhecida da retórica do consentimento: enfatizar o desejo das mulheres diminuirá o estigma em relação ao entusiasmo que estas expressam pelo sexo, o que manterá as mulheres seguras, evitando a hipótese de mal-entendidos. Dominar o assunto da sexualidade feminina e proceder a uma análise correta da mesma torna-se um modo de enfrentar e resolver a violência sexual.

Todavia, o viés forense e detetivesco destes estudos — a caça à sexualidade feminina — é animado pela necessidade de descobrir se uma mulher queria *de facto* alguma coisa. Porque é que o desejo das mulheres transporta uma carga tão elevada? Porque lhe é conferido tanto peso? Porque é que nos deixa tão obcecados? A resposta é que ele é considerado detentor de funções importantes: uma delas consiste em reinscrever as mulheres como responsáveis por gerir o risco da violência que lhes é infligida; a outra consiste em ilibar de responsabilidades uma outra pessoa. O desejo secreto de uma mulher deve ser descoberto para que possamos decidir se as ações de um homem foram justificadas. O desejo feminino é capaz de exonerar um homem.

Mas porque é que o ónus de tornar o sexo bom de novo deve ser colocado nas mulheres — na sua sexualidade, na verdade que descobrimos sobre elas? Porque devem as mulheres e a própria sexualidade suportar o ónus de fenómenos que são inerentemente sociais e decididamente coletivos, fenómenos que se encontram inextricavelmente enredados nas normas de masculinidade?

A não-concordância — a pretensa disjunção entre o que os corpos fazem e aquilo que as mulheres dizem — suscitou grande interesse, precisamente porque sugere que as mulheres não se conhecem a si mesmas. E isto provoca temores, porque é muito o que depositamos no conhecimento que as mulheres têm dos seus desejos. Convertemos este autoconhecimento numa condição de segurança para as mulheres no sexo; uma condição da possibilidade do prazer e da não-violência; uma condição para que os homens estejam protegidos de acusações nebulosas — e também uma condição do feminismo bom e assertivo. A não-concordância é um facto inconveniente: se as mulheres não conhecem os seus desejos reais e corpóreos, não podem cumprir o mandato de saber aquilo que desejam e proclamá-lo de forma veemente e confiante. Não podem ser os bons sujeitos sexuais, as cidadãs ideais em cujos ombros repousa o sexo ético, não violento e prazeroso. Elas são obstáculos ao seu próprio empoderamento e segurança.

Ao pedirmos às mulheres para descobrirem, conhecerem e dizerem a verdade sobre os seus desejos reprimidos, contrapomos o autoconhecimento à repressão — a transparência do eu à escuridão. Quando uma mulher não conhece nem enuncia os seus desejos, ela é efetivamente culpada da sua própria repressão — e também da sua propensão para ser violentada pelos outros. A investigação sexual pensa igualmente nestes termos rígidos. Trata-se de conhecimento científico que irá empoderar e proteger as mulheres.

Porém, se queremos bom sexo — empolgante, prazeroso e não violento —, precisamos de não ter a obrigação de nos comportarmos e falarmos como se soubéssemos sempre tudo. Demasiadas vezes permitimos que o medo da violência e a necessidade de gerir o seu risco determinem tão firmemente o nosso pensamento que tentamos organizar a nossa sexualidade em torno disso, definindo-a de uma forma que supostamente nos protegerá da violência. Mas a sexualidade das mulheres não deveria ter de ser imune ao abuso para que não se abuse das mulheres. As mulheres não detêm a obrigação de ter uma sexualidade que não admita abusos; os outros é que detêm a obrigação de não abusarem delas. A fetichização de determinado conhecimento nada faz para tornar possível o sexo prolífico, empolgante e prazeroso, para as mulheres ou para os homens. Temos de explorar o desconhecido.

4. Sobre a vulnerabilidade

É tentador insistir que as mulheres são uma autoridade em relação aos seus próprios desejos; que elas sabem categoricamente aquilo que querem. Mas haverá alguém que seja uma autoridade sobre si mesmo, seja no que diz respeito à sua sexualidade ou a qualquer outra coisa? Julgo que não e duvido de que insistir nesta ideia nos leve muito longe. As mulheres não são uma autoridade sobre si mesmas — não porque elas, ao contrário dos homens, tenham dificuldade em detetar os seus «verdadeiros» desejos, mas porque ninguém, talvez em especial quando falamos de sexo, é uma autoridade sobre a sua própria pessoa. Além disso, porque é que as mulheres deveriam ter de se conhecer a si mesmas para estarem a salvo da violência?

Numa entrevista recente, passando em retrospetiva décadas de ativismo e escrita, a teórica feminista Ann Snitow afirmou: «Estamos a tentar clarificar que a violência contra as mulheres é inaceitável, a tentar torná-la visível sem nos aterrorizarmos a nós próprias. Proeza difícil.»

No livro *Rape*, Mithu Sanyal escreve que as ativistas antiviolação alcançaram paradoxalmente aquilo que algumas feministas acreditam que os homens queriam alcançar: «Uma parte significativa da população feminina viva em constante medo.» Incentivar as mulheres a refletir sobre a violência masculina e sobre a sua vulnerabilidade a ela comporta o risco de as aterrorizar até à inação e passividade. Pode também servir como um pretexto para as controlar — uma dinâmica explorada pela escritora norte-americana Susanna Moore no seu romance de 1995, *In the Cut*. A protagonista, Frannie, inicia um caso amoroso com Malloy, o detetive responsável pela investigação do assassínio de uma jovem mulher de cabelos ruivos em Manhattan — uma mulher que Frannie acredita ter visto a fazer sexo oral com o detetive na noite do seu assassinato. No livro, vários homens — Malloy, John, um amigo de Frannie, Cornelius, um aluno dela — invocam de forma reiterada a indefensabilidade das mulheres nas ruas ou dentro das suas próprias casas. Malloy está «preocupado com a minha segurança. Não sou suficientemente cuidadosa. Não deveria andar de metro. Não deveria falar com estranhos. Devia trancar a porta. Ele diz que seria fácil entrar no meu apartamento, por causa da forma como vivo».

A ameaça da violência, a sua possibilidade sempre iminente, oferece sustentação para que os homens protejam as mulheres, mas também para que tenham acesso a elas. Assim, invocar esta ameaça é também um aviso, um modo de converter cada ação e cada gesto de uma mulher numa gestão mais ou menos responsável do risco naturalizado da violência. *Ela foi avisada. Ela deveria ter pensado melhor.*

Enquanto é montada a caça ao assassino da mulher de cabelos ruivos, Frannie sente que ela própria está a ser vigiada por vários homens, e o seu envolvimento sexual com Malloy — não obstante o seu receio de que seja ele o assassino — intensifica-se. Nessa altura, acontece uma coisa terrível: Frannie encontra um corpo, o corpo de alguém que lhe é querido; o atacante voltou a entrar em ação.

Malloy acorre à cena do crime, e, mais tarde, Frannie pergunta-lhe o que ele viu, o que ele fez. Ela quer saber os pormenores atrozes, e ele pergunta-lhe porquê. «Para o conseguir imaginar», responde ela. «Para conseguir dormir.» Frannie quer visualizar o que teme, aquilo que a deixa apavorada. Teremos de encontrar formas de imaginar — e assim aplacar — aquilo que mais tememos? Quando é que o medo — do ataque, do pior — é o nosso próprio medo, e quando é que este é a fantasia de outra pessoa, o pesadelo que nos foi dado a ver e que nos impeliram a imaginar nos seus detalhes mais escabrosos? Talvez tenhamos de nos debruçar sobre o pior para o manter à distância; talvez tenhamos de o imaginar para o fazer desaparecer, para o antecipar e repelir. Não admira que o sexo seja contaminado pela violência ao nível psíquico.

Antes do final chocante do romance, Malloy conversa com Frannie, uma estudiosa dos dialetos regionais, acerca de uma expressão da qual ela toma nota: «no corte» [*in the cut*]. Trata-se de uma expressão usada por jogadores, inspirada na «vagina», e significa «um lugar onde podemos esconder-nos. Salvaguardar o jogo. Mas um lugar seguro, um lugar livre de perigo», diz-lhe ele. Seguro para quem? Entretanto, a vida erótica de Frannie encontra-se suspensa na corda bamba do prazer que ela retira da vulnerabilidade e da rendição, e do medo que tem do mesmo. Certa noite, ela e Malloy fazem sexo no escritório dele; Malloy fá-la dobrar-se e algema-a, e a seguir introduz os dedos no seu ânus.

> «O que é que estás a fazer?», sussurrei. Embora soubesse a resposta. Era como se eu tivesse de fingir que não sabia o que ele se preparava para me fazer. A abrir o que estava fechado. A insistir. A posicionar-me. A descerrar-me.

> Finalmente. Eu que não desejava pertencer a um homem. Eu que não desejava pertencer a ninguém. Eu não queria ser posicionada, segurada, ter aberto o que estava fechado, o coração partido.

Porém, ela diz-nos logo de seguida: «Eu queria ser posicionada, segurada. Aberta. O antigo anseio de ser escolhida, perseguida, disputada, convocada.»

Frannie tem de fingir — para os outros, para si mesma — que sabe menos sobre o seu desejo do que julga saber. E, contudo, também é verdade que não conhece o seu desejo, porque este nunca se fixa e porque ela está a lutar contra o medo. Ela quer e não quer ser posta no lugar pelo sexo. *In the Cut* é de um erotismo profundo e doloroso, não apesar de a violência pairar em todo o lado, mas por causa disso mesmo. O sexo, se tivermos sorte, não é apenas empolgante e satisfatório, mas também entra em contacto com os nossos medos mais entranhados, as nossas dores mais entranhadas.

Mas será possível não nos assustarmos? Como vimos, muitas vozes críticas manifestaram uma impaciência leviana quanto a um feminismo que enfatizava a vulnerabilidade das mulheres à violência; em *Unwanted Advances*, Kipnis escreve que não se consegue lembrar de «melhor forma para subjugar as mulheres do que nos convencer de que a agressão sexual está ao virar de todas as esquinas».

Decerto, estamos perante um falso binarismo. Não precisamos de negar a violência disseminada para manter a porta aberta ao erotismo, nem precisamos de encerrar o erotismo para dar a devida réplica à violência. Parte da força de *In the Cut* reside na sua concessão de um amplo espaço para o prazer do sexo ao mesmo tempo que deixa os seus terrores a nu. No romance, o desejo e o medo não são postos um contra o outro numa representação da vida sexual, ou separados em diferentes esferas. Em vez disso, atribui-se a cada um deles a sua importância psicológica. O desejo pode ter pavio curto, e a violência surge na paisagem onde quer que haja desejo. *In the Cut* reconhece que a ameaça e o medo podem ser arregimentados pelo erótico, algo que ignoramos por nossa conta e risco.

* * * *

Em *What You Really Really Want: The Smart Girl's Shame-Free Guide to Sex and Safety*, publicado em 2011, Jaclyn Friedman diz às raparigas e jovens mulheres a quem o livro se dirige que «a primeira pessoa com quem precisas de aprender a comunicar sobre sexo és tu mesma». Se «não consegues admitir para ti mesma o que queres e o que não queres no que diz respeito ao sexo, não estás em condições de partilhar essa informação com mais ninguém». Uma das dificuldades-chave com que as mulheres deparam, segundo Friedman, reside nos obstáculos à descoberta dos seus desejos «reais». O livro lança a interrogação: «No que diz respeito à sexualidade, como te defines numa cultura que está absolutamente determinada a fazê-lo por ti?» Da mesma forma, em *Mind the Gap: The Truth about Desire and How to Futureproof Your Sex Life*, Karen Gurney escreve que «é essencial teres uma noção clara de como funciona a tua própria sexualidade em vez de esperares que ela encaixe de forma ótima com a de um parceiro.»

Certamente, estes livros não são os vilões numa cultura sexual que demasiadas vezes funciona de maneira lamentável para as mulheres; as questões que eles fazem são genuinamente importantes e constituem guias valiosos, em particular para as mulheres paralisadas por pressões contraditórias e exigências impossíveis. Muitas mulheres precisam desesperadamente de ouvir que merecem explorar a sua própria sexualidade, livres de pressões; que talvez existam coisas que elas querem e apreciam que não lhes são dadas pelos seus parceiros, ou pelas imagens que rotineiramente encontram na cultura; que elas podem dizer que não e que também podem dizer aquilo de que gostariam. Tudo isto é vital, em particular, dada a inadequação chocante da educação sexual disponível em tantos países e o silêncio quase absoluto em relação ao prazer feminino na educação sexual que existe — dada também a existência de investigação na qual se sugere de forma chocante que o prazer é, com frequência, uma prioridade reduzida para as mulheres e que estas experienciam o prazer e a satisfação dos seus parceiros masculinos como bem mais prementes do que o seu próprio prazer e satisfação.

É possível, todavia, que exista alguma ilusão em funcionamento na insistência de que temos uma sexualidade que pode ser descoberta *independentemente da interação com os outros*. O problema com a definição do que alguém «de facto» quer — o de o descobrir e de o trazer para o sexo, como se fosse um objeto — não é apenas a questão de ser preciso começar por algum lado no sexo (há uma primeira vez para tudo na esfera sexual, e esta é necessariamente desconhecida e repleta de incerteza), mas é também o facto de cada relação sexual ser única e se caracterizar por uma forte indeterminação. Nunca sabemos o que vai acontecer numa determinada experiência sexual, ou como nos sentiremos em relação a ela — independentemente do que fizemos e apreciámos antes. É este o poder do erótico.

Gurney escreve que uma mulher educada numa família que a tenha encorajado a procurar o prazer sem vergonha e que tenha desfrutado da masturbação como parte das suas primeiras experiências sexuais terá «aprendido exatamente como é que gosta de ser tocada». No entanto, ela sobrestima esta hipótese. A nossa sexualidade não é algo que possamos descobrir inteiramente sozinhas e depois inserir — ou «encaixar» — na sexualidade de outra pessoa. A maneira como nos tocamos nem sempre é um protótipo do modo como gostamos de ser tocadas por outra pessoa; a masturbação, como é bastante óbvio, não é sexo. Uma parte das alegrias do sexo pode residir, precisamente, na descoberta de novas e diferentes maneiras de ser tocada: na vulnerabilidade perante o desconhecido.

A ideia de que podemos descobrir a nossa sexualidade em isolamento é uma reação compreensível à apreensão causada pelas experiências sexuais infelizes que muitas mulheres têm. Verem os seus limites serem violados, os seus desejos expressos ignorados ou experienciarem pouco prazer no sexo pode fazer que as mulheres desconfiem da vulnerabilidade, recetividade e porosidade. A importância da autodefinição e do estabelecimento de limites decorre também de experiências de violência racista e injúria. Como escreve Audre Lorde em «Scratching the Surface: Some Notes on Barriers to Women and Loving», é «axiomático» para os homens e para as mulheres negras que, «se não nos definirmos por nós próprios, seremos definidos por outros — para o seu uso e em nosso detrimento».

Para muitas mulheres, a vida e o sexo são uma luta complexa entre a necessidade de endurecer, fortificar e repelir, por um lado, e a necessidade de receber, de dissolução e admissão por outro. As mulheres, em particular, conhecem a vulnerabilidade que reina sobre as suas vidas — isto é-lhes dado a conhecer, muitas vezes de forma dolorosa e contundente, seja sob a forma de uma efetiva violação ou invasão, ou nos constantes alertas sobre esta. É extremamente aliciante nutrir a fantasia de que somos invioláveis, autónomas em todos os aspetos e de que estamos na posse de limites firmes — logo, capazes de evitar a invasão. Quando nos sentimos vulneráveis, é tentador pormo-nos na defensiva em relação à vulnerabilidade — a fantasia do endurecimento para que nada nos magoe. Porém, o efeito colateral é que também nada nos consegue tocar. Como podemos proteger-nos sem negar a vulnerabilidade, com tudo o que ela tem de fecundo? «Como sentir amor, como não desconsiderar o medo nem nos deixarmos dominar por ele, como desfrutar de um sentimento profundo?», pergunta Audre Lorde.

No que diz respeito ao sexo, há um prazer a ser retirado da vulnerabilidade. Ela pode ser o que torna o sexo gratificante — as recompensas estonteantes de entrar pé ante pé na água, o sobressalto ao primeiro contacto, o alívio na descoberta do êxtase. Precisamos de ser vulneráveis — de correr riscos, de nos abrirmos ao desconhecido — para podermos experienciar a alegria e a transformação. É este o dilema: o prazer envolve risco, e este nunca pode ser excluído ou evitado. Não é por endurecermos contra a vulnerabilidade que encontraremos — qualquer um de nós — a realização sexual. Encontrá-la-emos no reconhecimento da nossa vulnerabilidade universal e na nossa abertura a ela.

A recetividade também pode constituir uma parte crucial do prazer. É uma característica extraordinariamente ambígua; a recetividade é acolhedora, aberta e convidativa — e, por esse mesmo motivo, é também um risco. Deixar as coisas entrar, ser poroso — suscetível às necessidades e desejos do outro —, é o que nos torna sensíveis aos sentimentos das outras pessoas e o que nos deixa à sua mercê.

Quando convido alguém a entrar — quando quero que alguém entre —, nunca posso ter a certeza de que essa pessoa entrará da forma que eu quero. Do mesmo modo, nem sempre sei de antemão como quero que entrem. É por isso que o convite para fazer sexo é intimidador e é por isso que pode comover-nos tanto. Ser correspondido no seu desejo, e ser surpreendido no seu desejo, é um exercício de confiança mútua e negociação do medo. Quando funciona, pode parecer milagroso; uma colisão mágica, segura e arriscada no grau certo, confortável e desafiadora na medida certa. É rara a estranha alquimia de corpos e mentes capaz de produzir esta combinação de familiaridade e desconhecimento, de conforto e surpresa. Por ser rara, deve ser estimada.

Deixar-se ir no sexo — deixar-se ir até lugares de intensidade, até ao espaço ínfimo entre saber e não saber o que se quer, entre controlar a ação e deixar a ação assumir o controlo — e ser arremessada do canal para esta água corrente que nos leva sabe Deus aonde, implica depositar um ónus substancial de confiança no outro, confiando que as outras pessoas renunciam à sua liberdade para o abuso. Confio que não me magoarás — seria o que gostaríamos de ter a possibilidade de dizer. Confio que não abusarás do teu poder.

Obviamente, isto é bastante difícil — uma ilusão, talvez. Seremos afortunadas se tivermos momentos fugazes disto. Além disso, este tipo de abandono é arriscado para as mulheres, tendo em conta que muitos homens abusam da vulnerabilidade que o sexo implica; tendo em conta também a predisposição cultural para interpretar o abandono das mulheres no sexo como um abandono da autonomia ou da segurança. (Lembram-se de como dizer «com mais força» ou fazer sexo na posição de quatro voltou para assombrar uma mulher numa sala de audiências?) Também os homens têm muito a temer com este abandono, uma vez que eles são socialmente punidos por abandonarem uma posição de domínio. O sexo é uma esfera de intensa precariedade, bem como de sofrimento e trauma para muitas pessoas, independentemente do género. Neste sentido, um ideal de vulnerabilidade gratificante pode ser tão obscuramente inacessível às nossas conceções hegemónicas do sexo que o discurso do autoconhecimento claro e transparente sobre o desejo se torna, em consequência, mais apetecível.

Muito tem sido dito sobre o modo como as pessoas envolvidas em práticas de BDSM ou *kink* possuem um treino admirável numa abordagem franca, explícita e pragmática do consentimento. Não foi por acaso que elas desenvolveram tal abordagem — debate honesto, acordos explícitos. Quando nos pomos em posições vulneráveis, nas quais há risco de danos, em que a dor é acercada e admitida e o sexo põe explicitamente em jogo a dominação e os limites entre querer e não querer, torna-se crucial ter regras claras, limites explícitos e palavras de segurança que indiquem uma necessidade não negociável de parar. Definir os limites individuais — enunciar o que se fará e o que não se fará — pode ser, acima de tudo, uma base importante para a possibilidade do prazer.

Na verdade, todo o sexo implica um jogo entre o poder e a rendição; um jogo com o espaço ambíguo entre o desejo e a incerteza. Em todo o sexo, estamos, por excelência, vulneráveis: desnudadas, expostas a danos, tanto físicos quanto psicológicos. E, em todo o sexo, podemos encontrar segurança e tranquilidade ao definirmos de antemão os nossos desejos e prazeres, ao nos pronunciarmos sobre o que iremos ou não fazer, os sins e os nãos. Este tipo de negociação antecipada — connosco próprias tanto quanto com as outras pessoas — pode ser uma condição necessária para experienciar o prazer, o desprendimento e a exploração; a única posição a partir da qual o prazer pode ter alguma hipótese de emergir. E, perante homens insistentes versados na prerrogativa sobre os corpos das mulheres, uma asserção categórica de autoconhecimento e dos limites individuais faz todo o sentido.

O risco é que estes limites — a afirmação do que queremos e de quem somos — se convertam numa parte fixa de nós, em vez de serem um posicionamento estratégico; que eles comecem a cristalizar-se e a endurecer, quando um dos prazeres do sexo é precisamente a sua variabilidade, a capacidade de revelar caminhos imprevisíveis para nós; a nossa própria capacidade de acabarmos algures, num lugar que não esperávamos. Não devemos confundir uma estratégia para evitar danos com algo que ela não é: uma verdade essencial sobre nós. Agarrarmo-nos firmemente ao que sabemos sobre nós próprias pode ser um sintoma do problema, ao invés da sua solução ideal. O conhecido não deveria configurar os limites dos nossos horizontes; deveríamos aspirar a mais.

Em *Sex, or the Unbearable*, Lauren Berlant e Lee Edelman observam que a ansiedade pode sinalizar a nossa «aproximação iminente daquilo que impulsivamente apreciamos». O sexo, sugerem os autores, é investido de «um fardo tão pesado de otimismo, bem como de um fardo por vezes esmagador de ansiedade», porque quanto mais nos aproximamos da satisfação, «maior a nossa necessidade de nos defendermos dela». O sexo pode induzir ansiedade e uma atitude defensiva *precisamente porque* é uma esfera na qual arriscamos um prazer intenso. Ceder o controlo pode ser tão desestabilizador que desejamos causar uma avaria no sistema e defender, como escrevem Berlant e Edelman, «a nossa putativa soberania». Aqui está o cerne da questão: o sexo e o desejo põem em perigo a nossa sensação de soberania, a sensação de nos conhecermos a nós mesmas e de estarmos no controlo. Deixam-nos sem chão. Não admira que, nas mulheres, isto possa fazê-las agarrarem-se freneticamente a algo; e não admira que, nos homens, isto possa provocar sentimentos de desamparo e raiva que precisam de ser compensados.

****

Atlantique, a longa-metragem de estreia de Mati Diop enquanto realizadora, conta a história de Ada, uma jovem mulher em Dacar prometida em casamento a um homem abastado da região, Omar. Porém, Ada está apaixonada por Souleiman, um dos muitos trabalhadores da construção civil numa empreitada local que não paga aos seus trabalhadores há meses. Souleiman, juntamente com muitos outros, sai por mar à procura de trabalho em Espanha. Já não regressará — ou, melhor, ressurgirá numa forma misteriosa e fantasmagórica —, e a relutante Ada acabará por desposar Omar. Mais tarde, vemo-la ir embora para desolação do marido. Quando Ada lhe diz que não vai para casa com ele, Omar explode: «De qualquer modo, não me davas tesão.» Este é um subterfúgio conhecido após uma rejeição: o insulto, o castigo, o recuo na afirmação do desejo.

Porque é que a rejeição sexual provoca tamanha raiva? Que dúvidas e vulnerabilidades estão a ser geridas e defletidas na relação dos homens com o sexo, e a que custo, não só para o prazer e segurança das mulheres, mas também para a própria experiência de satisfação dos homens? Muitos teóricos, incluindo Freud, argumentaram que o desenvolvimento da masculinidade heterossexual implica uma necessidade urgente de desidentificação com a mãe — a mãe da qual todos nós fomos dependentes para sobreviver. Para os rapazes, esta necessidade pode tornar-se inextricavelmente enredada em hostilidade — e numa recusa ou rejeição de tudo o que é considerado feminino, de tudo o que está associado à mãe. Isto inclui, é claro, a dependência, a vulnerabilidade, a porosidade. É preciso que alguém se desfeminize para evitar expor-se ao perigo das relações; é preciso que alguém se aliene da dependência associada à infância e que transfira a sua lealdade à «mãe da dependência» para o «pai da libertação», como explica a psicanalista Jessica Benjamin. Neste processo, o desejo e o amor podem ser dolorosamente dissociados; a mãe pode ser amada, mas não é uma criatura sexual; e o ser sexual que se deseja não pode ser, ao mesmo tempo, amado.

A desidentificação com o feminino constitui ainda outra razão pela qual a evocação de uma mulher idealizada e ativamente desejante por parte da cultura do consentimento é ambivalente. Esta mulher surge com frequência no pensamento feminista como o horizonte de possibilidade: num mundo verdadeiramente liberto, as mulheres poderiam ser lascivas e falar sobre isso tanto quanto os homens. Obviamente, ela surge também como um objeto de desejo para os homens: a mulher que é o tropo pornográfico, disposta a tudo e mais alguma coisa, sem restrições, liberta. Incentivando as mulheres a serem claras e resolutas quanto aos seus desejos sexuais, os proponentes da cultura do consentimento incentivam as mulheres a serem o objeto de uma fantasia masculina. Porém, ser o objeto de uma fantasia masculina é uma condição delicada: ela pode convocar o assentimento, a empolgação, o deleite, mas também pode — às vezes, na mesma pessoa — provocar repulsa, desdém, hostilidade. Uma mulher sexualmente desejante pode tornar-se tanto o desejo cumprido quanto o objeto odiado, e um homem pode simultaneamente ser ávido *e* crítico; pode, simultaneamente, estar excitado *e* ser punitivo.

Alguns homens sentem hostilidade em relação àquilo que querem; alguns homens têm desdém por aquilo que desejam; para alguns homens, a «aquisição» do seu desejo conduz inexoravelmente ao «ódio» pelo mesmo — uma dinâmica que D. H. Lawrence captou no seu panfleto de 1929, *Pornografia e Obscenidade*, ao escrever que muitos homens, depois de fazerem sexo com uma mulher, «sentem triunfantemente que lhe fizeram algo de mal e que ela é agora inferior, mais reles, mais desprezível do que era antes». Além disso, os homens também podem experienciar uma sensação emasculatória em relação à mulher desejante, uma vez que o seu papel é, supostamente, o do parceiro que deseja de maneira ativa.

«Julgo que é ainda mais motivador — ainda mais empolgante! — quando uma rapariga diz *não*», confessa um jovem a Delphine Dhilly e Blandine Grosjean no seu documentário de 2018, *Sexe sans Consentement*. Esta é mais uma razão para que a valorização desenfreada do *dizer que sim* por parte da cultura do consentimento seja imprudente: as mulheres que dizem *não*, ou expressam relutância, podem ser mais atraentes para os homens, não só porque isto demonstra que não são promíscuas, mas também porque elas apresentam aos homens um desafio procurado, um desafio cuja realização afirmará a perícia masculina. (Os mestres da sedução que peroram entusiasticamente sobre ultrapassar a «resistência simbólica» e a «resistência de última hora» das mulheres não querem realmente um mundo no qual as mulheres não sintam vergonha sexual; eles querem tão-só ser aqueles que a conseguem vencer. Eles precisam da relutância das mulheres para sentirem o seu próprio poder.) Assim sendo, as mulheres podem sentir-se mais seguras dizendo que não, na medida em que isto salvaguarda o sentimento de poder dos homens, e elas sabem que enfraquecer esses sentimentos de poder pode ser perigoso.

Os tropos hostis que muitas vezes encontramos na pornografia — *toma lá isto, vadia; gostas disto, vadia* — expressam seguramente uma ideia de que as mulheres não deveriam desejar sexo; de que, se ela *gostar* de sexo, podemos sentir desprezo por ela. Mas também servem para subverter o jogo, negando e afastando a vulnerabilidade — aquela que os homens experienciam ao sentirem desejo por uma mulher. É uma resposta que pretende punir o sentimento de desejo por abrir uma brecha na fachada do domínio e que desloca para a mulher o sentimento conturbado do próprio desejo dos homens. *Eu* não quero; *tu* queres. Os homens heterossexuais exercitam aqui a agressividade que sentem em relação à sua própria fraqueza, em relação à sua própria vulnerabilidade ao desejo. E talvez seja por isto que o desejo, um símbolo inquietante da perda de controlo, é reconfigurado tão insistentemente como um triunfo sobre a mulher; como a sua difamação, a sua humilhação. São estes os ideais de domínio e poder com que os homens punem as mulheres, mas também a si mesmos.

A negação da vulnerabilidade significa que, para os homens, o sexo arrisca tornar-se uma arena na qual eles são alienados do prazer; uma arena na qual o horizonte de sucesso é sempre longínquo, uma esfera permeada por um evitamento melancólico de qualquer anseio ou alegria profundos. Os artistas do engate recorrem frequentemente a vídeos de formação incluindo interações com mulheres que não sabem que estão a ser filmadas — aproximações, galanteios e até mesmo sexo. Estas violações flagrantes do consentimento servem para exibir — aos outros homens, às mulheres, a eles próprios — o modo como os homens controlam e acedem às mulheres e a sua capacidade de distribuir crueldade e humilhação. Eles deixam antever uma ânsia em punir as mulheres que consideram de «valor elevado». Estes homens retiram satisfação em «adquirir» as mulheres cuja presença no mundo acarreta a possibilidade de humilhação dos homens através da rejeição. Para estes homens, seduzir mulheres é um ato imbuído de vingança e hostilidade, em vez de prazer; um ato imbuído de triunfo, em vez de alegria. Neste mundo, o sucesso é vão, pois o espectro da fragilidade e da humilhação está de novo à espreita sempre que uma aquisição é consumada: o valor de alguém é determinado pela sua última conquista. É um truísmo que o desejo nunca pode ser satisfeito; mas, na esfera do interesse heterossexual, o mesmo pode ser dito da hostilidade.

Poderão os homens respeitar a mutabilidade do desejo sem serem insistentes e sendo ao mesmo tempo capazes de lidar com um não? Como seria se mais homens fossem capazes de dizer e sentir no íntimo: «Gostaria que fizesses *x* comigo, mas sobreviverei à tua recusa.» Poderão os homens endereçar convites acolhedores e tolerar serem rejeitados? Ou será que tudo é um requerimento? Poderemos ajudar os homens a não se sentirem existencialmente destruídos pela recusa? Para usar os termos de Audre Lorde, como poderá ser evitada esta «psicologia de veia jugular», na qual «a asserção ou a afirmação da tua pessoa é um ataque à minha pessoa?» Como poderá o sexo importar menos para que possa dar-nos mais?

****

Em *Teoria King Kong*, Virginie Despentes escreve sobre a sua experiência com trabalho sexual. Era a «fragilidade [dos homens] que dificultava as coisas [...]. Na minha curta experiência, os clientes vinham carregados de humanidade, fragilidade, angústia. E isto permanecia no final, colado a mim como um remorso». O poder masculino e a violência masculina não são mitos, embora sejam apoiados e viabilizados por uma mitologia. Os homens podem comprar sexo com tanta facilidade devido à recorrente desigualdade social e económica entre homens e mulheres; mas, se é inegável que no ato de comprar sexo os homens podem expressar a sua hostilidade em relação às mulheres, as razões pelas quais os homens de facto compram sexo podem ter tanto que ver com a vulnerabilidade, o fracasso, a tristeza, a solidão e o medo quanto com o poder. As palavras de Despentes sugerem que faríamos bem em considerar como é que as ações dos homens são tentativas de recuperar o poder perante um sentido de poder que se perdeu — e em considerar como é que a necessidade de afirmar o poder emerge precisamente das tentativas de manter à distância o horrível espectro da fraqueza. A afirmação do poder é quase sempre uma negação frenética.

Seja como for, a ideia de que os homens não são vulneráveis no sexo é absurda. Eles podem ser feridos com facilidade, física e psicologicamente. O seu desejo e prazer são terrivelmente visíveis, ou visivelmente ausentes. Eles têm medidas bastante claras através das quais pode ser assumido o seu fracasso: ereção e ejaculação. E, tal como todas as outras pessoas, eles têm esperanças, desejos, medos, fantasias, vergonhas — tudo isto é propenso à humilhação. Ser um homem é estar tremendamente exposto. Não digo isto para ridicularizar ou humilhar os homens; pelo contrário, digo-o para lhes dar as boas-vindas à vulnerabilidade.

A negação da vulnerabilidade e a desidentificação com o feminino estão intimamente relacionadas com uma fantasia de soberania. Porém, todos nós somos dependentes de outros — daqueles que nos dão à luz e daqueles que cuidam de nós; daqueles que nos sustentam, nos alimentam, que possibilitam o nosso crescimento, a nossa sobrevivência, o nosso trabalho e a nossa prosperidade. A independência total é uma ficção. E, no sexo, todos somos vulneráveis. Sejamos nós quem formos, confiamos tecidos vulneráveis, órgãos, sensações e individualidades complexas a um outro. Podemos sempre sair magoados. Isto não é um argumento em favor de sermos arrogantes perante a vulnerabilidade inerente dos outros — para incentivar alguém a «endurecer», a aceitar o áspero juntamente com o suave, a resignar-se ao mau sexo. É um argumento em favor de resistir à ânsia de denegrir a vulnerabilidade. O sexo é uma aventura arriscada, e a vulnerabilidade pode ser uma forma de cuidado.

O teorizador *queer* Leo Bersani, no seu ensaio emblemático de 1987 intitulado «Is the Rectum a Grave?», descreve o sexo como o lugar onde todos nós — independentemente do género — experienciamos o fracasso do nosso corpo em «controlar e manipular o mundo para lá do eu». Embora possamos celebrar os prazeres da robustez, não devemos negar «o apelo igualmente forte da impotência, da perda de controlo». Para Bersani, o falocentrismo não é «primordialmente a negação do poder às mulheres», embora também seja isso; é, «acima de tudo, a negação do *valor* da impotência tanto nos homens quanto nas mulheres.» A impotência não é um fracasso.

Segundo Bersani, não devemos representar o sexo «somente como poder». Ele tem razão; não importa quem sejamos, não importa o que os nossos corpos são e fazem, estamos todos à mercê de outra pessoa no sexo, e todos experienciamos o desamparo, a angústia e a felicidade originária; todos nos tornamos infantis, dependentes. Desejar, ter uma aspiração é tornar-se vulnerável, ansiando pelo sustento, contacto e reconhecimento no abraço do outro. Como argumenta Bersani, o risco do sexual é o risco de «perder de vista o eu». Podemos descobrir uma grande alegria, força e transcendência na fratura do eu composto e adulto — e é politicamente relevante reconhecer a sua ubiquidade.

Bersani trata de enfatizar que não se refere «ao valor da suavidade, da não-agressividade, ou até mesmo da passividade». Ele não está a defender *modos* específicos de se ser sexual, mas antes o valor de «uma desintegração e humilhação mais radical do eu». Da mesma forma, eu não estou a sugerir que tanto os homens quanto as mulheres adotem uma postura de vulnerabilidade ao nível sexual; não estou a prescrever quaisquer comportamentos sexuais em particular. Não estou interessada nas categorias de dominação, submissão, em cima, por baixo, fornicar *versus* ser fornicada. Não acredito que atos sexuais específicos denotem vulnerabilidade ou força; isso seria comprar a ideia de que fornicar é ativo e ser fornicada é passivo, como se a disposição dos nossos corpos nos dissesse alguma coisa de definitivo sobre os nossos posicionamentos psicológicos, as nossas vulnerabilidades, os nossos sentimentos; como se os binários de ativo e passivo não fossem usados para dividir as fileiras entre atributos masculinos poderosos e atributos femininos destituídos de poder. Aquilo a que aqui me refiro é, em vez disso, uma aceitação psicológica e social da vulnerabilidade, da nossa capacidade para sofrermos danos, da suavidade partilhada por todos nós.

Tão-pouco pretendo negar o poderoso erotismo do domínio no sexo — o potencial empolgante desta atitude, para qualquer género. O que estou a sugerir é que, para todos nós, quer gostemos quer não, parte do nosso prazer sexual consiste no modo como este quebra esse domínio, para usar os termos de Bersani, e estilhaça o limite entre nós e o outro. Talvez exista um raio de ação ético importante nesse reconhecimento. O que acontece, pergunta Anat Pick em *Creaturely Poetics*, quando levamos a sério as ramificações de sermos «orientados em direção à vulnerabilidade como um modo universal de nos expormos?».

Deve ser este o nosso horizonte utópico: um mundo onde abdicamos da ilusão de que qualquer um de nós tem poder real, ou total, no que diz respeito ao prazer e ao sexo. A autora feminista Lynne Segal escreveu que, no sexo, se tivermos sorte, «as grandes dicotomias desaparecem» — as dicotomias de masculino e feminino, dador e recetor, ativo e passivo, eu e outro. A socióloga Catherine Waldby menciona a «reciprocidade mútua de destruição» no sexo, e a poetisa Vicki Feaver evoca «o nosso pénis partilhado, um pilar resplandecente deslizando entre nós». São imagens de dissolução, de intercâmbio, de confusão e fusão de identidades, um amolecimento da rígida associação da recetividade às mulheres e da atividade aos homens. Estas imagens são, de alguma maneira, libertadoras, desbloqueando a rigidez dos papéis de género, permitindo a cada um de nós tomar parte num vocabulário mais alargado de sensações e sentimentos, reivindicar mais para nós próprios e permitir mais ao outro, usar a linguagem como uma forma de operar uma rutura cada vez maior da experiência. E, neste abandono dos ideais de domínio, *todos* nós podemos descobrir um prazer maior.

****

As mulheres, escreve a educadora sexual Christina Tesoro, são incentivadas a desenvolver a capacidade de dizer que não, bem como a capacidade de articular um sim caloroso, mas não são ensinadas a dizer: «*Talvez.* A dizer: *Não tenho a certeza.* [...] Ou a dizer: *Toca-me durante um pouco mais de tempo antes disso. Não pares de me tocar. Sê meigo. Vai devagar.*» Parte do problema, segundo Tesoro, são os homens que veem a hesitação como nada mais do que «outro limite a ser contornado, um entrave no mapa particular pelo qual eles aprenderam a guiar-se».

Quando pensamos em sexo, não pensamos em abdicar da nossa responsividade à individualidade e sexualidade do outro; o sexo não é algo que decidamos em absoluto. A decisão não é estática, porque o sexo não é estático, porque as interações sociais não são estáticas, tão-pouco as pessoas. O sexo não é algo ao qual estejamos presos, de uma vez por todas. Isto só é difícil de aceitar se subscrevermos um modelo do sexo como a extração de um bem; como o cumprimento de uma promessa que, uma vez feita, não pode ser renegociada sem desaprovação e raiva legítimas. Mas o sexo não é um objeto. O sexo não é algo que possa ser dado e retirado.

O sexo é uma interação, decididamente social e interpessoal — muito mais próximo de outros fenómenos sociais do que distinto deles. O sexo, como qualquer fenómeno social, é um processo, um desenvolvimento, uma revelação. O sexo é uma conversa; e, como qualquer conversa, pode ser promissor e estar à altura dessa promessa — ou pode ser desapontante. Podemos ter pela frente profundidades, surpresas e novos caminhos, ou podemos ter pela frente algo feio, mau ou cruel, e querer retirar-nos.

É vital criarmos um mundo no qual nenhum de nós se choca pelo desejo de uma mulher ou pela sua afirmação. Mas não devemos conceber o desejo de uma pessoa como um objeto facilmente identificável, uma parte facilmente acessível de uma pessoa, que ela pode convocar com naturalidade. O sexo é feito de inúmeros atos de questionamento, expressão e exploração. Porque deveríamos saber o que queremos? Porque não deveríamos ter a expectativa de que os homens prossigam connosco em exploração? A fixação no sim e no não é contraproducente quando navegamos estas águas; é precisamente o espaço incerto e pouco claro entre o sim e o não que temos de aprender a navegar. E é neste espaço que pode revelar-se um processo exploratório, capaz de nos trazer um prazer intenso — um processo, para usar a fórmula da escritora Dodie Bellamy, entre «duas pessoas com uma necessidade recíproca e em igual risco».

****

Em *Vendredi Soir*, a adaptação para o cinema do romance de Emmanuèle Bernheim realizada por Claire Denis, Laure prepara a sua mudança do apartamento onde vive sozinha. Vemo-la a embalar caixas para se mudar para casa do namorado na manhã seguinte. Depois de passar algum tempo a revolver conjuntos de roupas, escolhendo o que doar e o que manter, ela entra no carro para se dirigir até à casa de uns amigos com quem combinara jantar. Está uma noite desagradável — a chuva torrencial e uma greve dos transportes provocaram um engarrafamento nas estradas. Ao som da música vibrante de Tindersticks, Laure está sentada no seu carro, tamborilando os dedos pelo volante, entoando a canção que ouve no rádio e espreitando para dentro dos outros carros nos quais outros rostos olham em frente, os seus planos e movimentos parados no tempo, todos eles presos nos seus universos compactos. Encorajada por um anúncio radiofónico que sugeria que os condutores oferecessem boleias a desconhecidos durante o dilúvio, Laure convida um homem que batera à janela — Jean — a entrar no seu carro. Os dois sentam-se em silêncio; há um erotismo mudo entre eles. Laure cancela o jantar com os amigos, invocando o trânsito horrendo como pretexto. Ela e Jean mal trocam uma palavra. Encontram um hotel e fazem sexo.

Mais tarde, dirigem-se a um restaurante nas imediações e tomam uma refeição quase sempre silenciosa e amigável. Sentado perto deles, um casal a discutir atrai a sua atenção; pouco tempo depois, a jovem mulher levanta-se de súbito e desce as escadas em direção às casas de banho. Jean segue-a. É aí que nós — ou será Laure? — o vemos a fazer sexo com a jovem mulher. Esta cena, mostrada numa sucessão de imagens granulosas, é de uma ambiguidade pulsante; não temos a certeza se isto realmente aconteceu. Será que estamos perante o medo de Laure, ou a sua fantasia? Ou serão os nossos? Laure transgrediu; ela procurou o prazer mudo e físico com um estranho. Será esta a cena que nós, e também ela, devemos supostamente temer: a punição, a humilhação dispensada a uma mulher que procurou um simples prazer? Ou será erótica para Laure a possibilidade de não só ter tido uma relação puramente sexual, mas de também poder ser descartada por este homem, em favor de outra mulher, no típico cenário decadente das casas de banho?

Aparentemente, Laure não saiu de casa com a intenção de seduzir um desconhecido. O seu desejo por este homem, ou por sexo anónimo, não vive dentro dela, à espera de emergir à superfície. O desejo surge no momento definidor que é a sua última noite a viver sozinha, a transição para uma vida em casal; no ambiente desconcertante de Paris durante uma paralisação; na possibilidade erótica — e vulnerável — de uma suspensão do tempo quotidiano, e com ela uma suspensão das regras. Numa cena final, Laure solta um riso vertiginoso e abandona o hotel, parecendo surpreendida com as suas próprias ações e contente com a surpresa. Terá ela ficado espantada com o seu próprio desejo, o seu próprio prazer? Às vezes, o desejo sexual pode apanhar-nos de surpresa; pode insinuar-se, sem ser solicitado, baralhando os nossos planos e, com eles, as nossas conceções sobre nós mesmas. Mas esta vertigem só é possível se formos vulneráveis a ela. Se nos perguntarem, talvez não digamos que queremos fazer sexo num hotel com um desconhecido rude. Pode ser inadequado dizer que queríamos, ou que não queríamos. O desejo nem sempre está lá para que saibamos qual é. A vulnerabilidade é o estado que torna possível a sua descoberta.

****

Poderá parecer arriscado conceber o desejo sexual — e a nós mesmas — como algo desconhecido. Torna-nos suscetíveis à persuasão, a qual partilha um limite difuso com a coerção. Não termos a certeza do que queremos pode dar força às estratégias coercivas que alguns homens usam com tanta confiança e impunidade. Se as mulheres não sabem o que querem, os homens sabem — e convencem as mulheres a fazê-lo. É, pois, compreensível que nos refugiemos na insistência de que sabemos o que queremos para evitar a violência masculina. Porém, temos de ser capazes de ir ao encontro do outro em empolgação, curiosidade e abertura, e a ênfase no desejo assertivo das mulheres obscurece a negociação sensível e tensa do que é desconhecido. Esta não é uma razão para descartar o consentimento; é uma razão para questionar os limites do consentimento e perguntar se o ónus da ética sexual deve ser colocado no consentimento, em prejuízo, por exemplo, do diálogo, da exploração mútua, da curiosidade, da incerteza — tudo coisas que, na verdade, são estigmatizadas no âmbito da masculinidade tradicional.

A relacionalidade e a responsividade caracterizam todas as interações humanas, quer o admitamos quer não. Não devemos marcar essa responsividade como uma virtude menor e essa relacionalidade como uma fraqueza a ser ultrapassada. O desejo não é sempre premente ou urgente; o prazer não é sempre autoafirmativo; e os outros apresentam-nos as suas reivindicações, às quais por vezes desejaremos ceder. Porque haveríamos de considerar como uma falha um gesto de cedência, o facto de *sermos* suscetíveis aos outros? Sentimentos, sensações e desejos podem permanecer adormecidos até serem despertados por aqueles que nos rodeiam. Precisamos de ser capazes de admitir também isto; precisamos de não lutar tão duramente contra a nossa própria porosidade, a nossa própria maleabilidade.

Em última análise, a maneira como entendemos o sexo é indissociável da maneira como entendemos o que é ser uma pessoa. Não podemos negar que somos criaturas flexíveis e sociais, ingerindo, incorporando e reformulando constantemente aquilo que assimilamos. A fantasia da autonomia total e do autoconhecimento total não é apenas uma fantasia;

é um pesadelo. Uma alma «que não esteja vinculada», escreve Gillian Rose em *Love's Work*, «é tão louca como uma com limites cimentados». O desafio consiste em «aceitar os seus próprios limites e os dos outros, permanecendo ao mesmo tempo vulnerável, passível de ser ferida em torno dos limites». Por vezes, o prazer mais intenso está em deixar alguém entrar.

****

Em *Lovely Andrea*, a artista Hito Steyerl documenta a busca de uma fotografia de si mesma envolvida numa prática *bondage*, que lhe foi tirada quando era uma estudante em Tóquio. Numa das cenas, ela e um fotógrafo observam uma coleção de imagens de mulheres. Num tom de curiosidade e espanto, e não de insistência, ele diz que «as modelos se sentem livres quando são atadas».

As mulheres vivem com uma consciência acrescida da sua vulnerabilidade à agressão sexual e das negociações complexas que têm de levar a cabo para experienciar o prazer. E todos nós, independentemente do género, nascemos numa conjuntura crivada de violência, rigidez e vergonha. Em resposta, cada um de nós desenvolve o seu próprio erotismo complexo e idiossincrático. Quem sabe porque fazemos o que fazemos, quem sabe porque queremos o que queremos?

Não acredito que alguma vez possamos deixar o poder para trás no sexo, que possamos entrar numa zona afortunadamente livre de desigualdade. Não acredito que o consentimento substitua por milagre os desequilíbrios de poder que operam em todas as nossas interações. «Amanhã o sexo voltará a ser bom», disse Foucault, com ironia e jovialidade; é este o ideal, e é esta a desilusão. A negociação dos desequilíbrios de poder entre homens e mulheres, entre todos nós, ocorre minuto a minuto, segundo a segundo. E não há esfera alguma, sexual ou outra, em que este ato de negociação já não seja necessário. Em tudo o que fazemos, no sexo e não só, calibramos os nossos desejos com os desejos do outro, e tentamos compreender o que queremos. Mas não podemos simplesmente perceber aquilo que queremos e depois agir com base nesse conhecimento. Perceber aquilo que queremos é um trabalho que dura toda a vida, tem de ser feito e refeito. A alegria pode achar-se no facto de ele nunca estar acabado.

Agradecimentos

Este livro teve uma gestação longa; há vestígios de muitas pessoas e lugares nas suas páginas.

Agradeço à Verso pela sua aposta no livro, em particular a Jessie Kindig, Rosie Warren e Leo Hollis. Não poderia ter pedido uma editora e interlocutora melhor do que Jessie. Agradeço a Alba Ziegler-Bailey, Sarah Chalfant e Charles Buchan, da Wylie Agency, por todo o seu trabalho e apoio.

Agradeço aos meus colegas e alunos do Departamento de Inglês, Teatro e Escrita Criativa do Birkbeck College, Universidade de Londres. Agradeço também aos colegas de funções anteriores na Queen Mary, Universidade de Londres e na Universidade de Warwick. Agradeço à Leverhulme Foundation e à Wellcome Trust pelas suas bolsas de pós-doutoramento. Agradeço à equipa da Biblioteca Britânica, Biblioteca Wellcome e a todas as pessoas na Biblioteca de Gladstone, um refúgio frutífero ao longo dos anos. Agradeço ao Departamento de História e Filosofia da Ciência da Universidade de Cambridge, onde outrora realizei o meu doutoramento.

Devo muito ao meu orientador de doutoramento, o recentemente falecido John Forrester. Gostaria que ainda estivesse connosco e que eu lhe pudesse entregar este livro.

O apoio e o companheirismo dos meus amigos sustentaram a longa luta que foi escrever este livro; tive conversas fundamentais sobre este material e a sua passagem para a escrita com muitos deles. Os seus nomes são: Mitzi Angel, Nick Blackburn, Sam Byers, Allie Carr, Christen Clifford, Hannah Dawson, Jean Hannah Edelstein, Lauren Elkin, Georgina Evans, Sam Fisher, Alyssa Harad, Charlotte Higgins, Rebecca May Johnson, Amy Key, Jodie Kim, Mériam Korichi, Eric Langley, Miriam Leonard, Patrick Mackie, Kaye Mitchell, Sasha Mudd, Louise Owen, Daisy Parente, Sarah Perry, Richard Porter, Cassie Robinson, Isabelle Schoelcher, Rebecca Tamás, Joanna Walsh, Rachel Warrington, Tiffany Watt-Smith, Kate Zambreno. Os TW foram uma agradável fonte de apoio. Gostaria que Claire Nacamuli ainda estivesse entre nós.

Rascunhos preliminares ou partes do livro foram lidos por Mitzi Angel, Sam Byers, Hannah Dawson, Alyssa Harad, Patrick Mackie e Matthew Sperling. Os seus pareceres — a sua generosidade e rigor — foram inestimáveis, e o seu apoio, vital.

Um profundo agradecimento a Francesca Joseph. Um profundo agradecimento e amor para Ros e David Angel, e para Matthew Sperling e Buddy.

Ao longo de incontáveis anos, as conversas com Allie Carr, Cassie Robinson, Sasha Mudd e Mitzi Angel moldaram-me profundamente, bem como a este livro. Dedico-o a elas, com amor.

Notas

Capítulo Um

P. 13, Numa entrevista realizada em abril de 2017: «The Adam and Dr. Drew Show», 12 de abril de 2017, episódio 558, adamanddrdrewshow.com.

P. 16, «caso dos abusos sexuais no râguebi»: Conor Gallagher, «Belfast Rape Trial Told Messages Were "Nothing but a Titillating Side-show"», Irish Times, 21 de março de 2018, irishtimes.com.

P. 19, dizer a verdade é um valor fundacional e axiomático para o feminismo: ver Tanya Serisier, *Speaking Out: Feminism, Rape and Narrative Politics* (Palgrave, 2018).

P. 19, há uma tendência para acreditar menos nas mulheres negras que denunciam crimes de abuso sexual do que nas suas congéneres brancas: Rebecca Epstein, Jamilia L. Blake, Thalia González, *Girlhood Interrupted: The Erasure of Black Girls' Childhood*, The Centre on Poverty and Inequality, Georgetown Law, law.georgetown.edu.

P. 20, condenações por violação que dizem respeito a mulheres brancas têm consequências mais sérias do que aquelas que dizem respeito a mulheres negras: Gary D. LaFree, «The Effect of Sexual Stratification by Race on Official Reactions to Rape», *American Sociological Review*, 1980, 45, 842–854.

P. 20, «Saiba aquilo que quer e descubra o que o seu parceiro quer», incentivava um artigo do *The New York Times* em julho

de 2018: Lisa Damour, «Getting "Consent" for Sex Is Too Low a Bar», *The New York Times*, 18 de julho de 2018, nytimes.com.

P. 20, «Tenha a conversa»: BBC Radio 4, «The New Age of Consent», setembro de 2018, bbc.co.uk.

P. 21, «O consentimento entusiástico», escreveu Gigi Engle na *Teen Vogue*, «é necessário para que ambas as partes desfrutem da experiência»: Gigi Engle, «Anal Sex: Safety, How Tos, Tips, and More», *Teen Vogue*, 12 de novembro de 2019, teenvogue.com.

P. 21, «[...] não é apenas uma linha de base para o prazer sexual, mas quase sempre o seu garante»: Joseph J. Fischel, *Screw Consent: A Better Politics of Sexual Justice* (University of California Press, 2019), p. 2.

P. 21, «[...] Nenhum parceiro se pode dar ao luxo de ser passivo e se limitar a esperar para ver até onde é que a outra pessoa irá»: Rachel Kramer Bussel, «Beyond Yes or No: Consent as Sexual Process», *in* Jaclyn Friedman, Jessica Valenti (eds.), *Yes Means Yes! Visions of Female Power and a World Without Rape* (Seal Press, 2008), p. 46.

P. 22, «amanhã o sexo voltará a ser bom»: Michel Foucault, *The Will To Knowledge: The History of Sexuality, Volume One*, p. 7, citações seguintes p. 6 e p. 153.

P. 23, medo de «provocar o urso»: Julia Turner, «"I Feel So Close To You All": Harvey Weinstein's Accusers in Conversation for the First Time», *Slate*, 21 de novembro de 2017, slate.com.

P. 23, «[...] era como um gatilho para ele»: Tom Hays, Michael R. Sisak, Jennifer Peltz, «"If He Heard the Word 'No', It Was Like a Trigger for Him", Says Harvey Weinstein Rape Accuser», *CBC News*, 31 de janeiro de 2020, cbc.ca.

P. 25, «[...] de preferência, sexualmente inexperiente ou, pelo menos, respeitável»: Helena Kennedy, *Eve Was Shamed: How British Justice is Failing Women* (Chatto & Windus), p. 122–123.

P. 25, «[...] poucas hipóteses de condenação»: Kennedy, p. 138.

P. 26, «[...] ela estava a usar umas cuecas de fio dental com a parte da frente em renda»: Marie O'Halloran, «TD Holds Up Thong in Dáil in Protest at Cork Rape Trial Comments», *Irish Times*, 13 de novembro de 2018, irishtimes.com.

P. 26, «[...] e dito "com mais força"»: Sirin Kale, «How an Athlete Used His Alleged Victim's Sexual History in His Rape Acquittal», *Vice*, 17 de outubro de 2016. Ver também Helena Kennedy, *Eve Was Shamed*, p. 139, e Clare McGlynn, «Rape Trials and Sexual History Evidence: Reforming the Law on Third-Party Evidence», *The Journal of Criminal Law*, 2017, 81(5), 367–392.

P. 26, as mulheres são incentivadas a explorar há décadas em nome da libertação sexual: Ver Meg-John Barker, Rosalind Gill, Laura Harvey, *Mediated Intimacy: Sex Advice in Media Culture* (Polity, 2018).

P. 26, um livro na primeira pessoa sobre sexualidade: Katherine Angel, *Unmastered: A Book on Desire, Most Difficult to Tell* (Allen Lane, Penguin, 2012) (Farrar, Straus e Giroux, 2013)

P. 27, naquilo a que Lola Olufemi chama «o rosto feliz do consentimento»: Lola Olufemi, *Feminism, Interrupted: Disrupting Power* (Londres, Pluto Press, 2020), p. 96

P. 28, definiu as mulheres africanas como «desavergonhadas»: Ver Tessa McWatt, *Shame On Me: An Anatomy of Race and Belonging* (Londres, Scribe, 2019), p. 21–22.

P. 28, estereótipo de mulheres negras como seres impudicos a deixarem-nas fora do âmbito da lei: ver Emily Alyssa Owens, «Fantasies of Consent: Black Women's Sexual Labor in 19th-Century New Orleans», tese de doutoramento, Departamento de Estudos Africanos e Americanos, Harvard, 2015. Ver também Emily A. Owens, «Consent», *Differences: A Journal of Feminist Cultural Studies*, 2019, 30(1), 148–156.

P. 28, têm maior tendência a acreditar na culpa do atacante de uma mulher branca do que na culpa do atacante de uma mulher

negra: ver Rebecca Epstein, Jamilia L. Blake, Thalia González, *Girlhood Interrupted: The Erasure of Black Girls' Childhood*, The Centre on Poverty and Inequality, Georgetown Law, disponível em law.georgetown.edu.

P. 28, Como ter na mira a justiça, pergunta adrienne maree brown, sem renegar o prazer? Ver adrienne maree brown, *Pleasure Activism: The Politics of Feeling Good* (AK Press, 2019).

P. 29, desconsideração pelo seu engajamento com o prazer: Joan Morgan, «Why We Get Off: Towards a Black Feminist Politics of Pleasure», *The Black Scholar*, 2015, 45(4), 36–46.

P. 29, «[...] sexualização "*bootylicious*" das mulheres negras que nos acostumámos a esperar de Beyoncé»: Kehinde Andrews, «Beyoncé's "Bootylicious" Sexualisation of Black Women Isn't Inspiring — and Her Politics Leave a Lot To Be Desired», *Independent*, 11 de fevereiro de 2016, independent.co.uk.

P. 29, Deve o corpo feminino — os seus prazeres, poderes e dores — permanecer quiescente ou ausente ante um passado e presente racistas? Para análises da relação entre a antinegritude e a pornografia, ver Jennifer C. Nash, *The Black Body in Ecstasy: Reading Race, Reading Pornography* (Duke University Press, 2014). Nash critica a aliança histórica entre o feminismo negro e o feminismo antipornografia. Em oposição ao trabalho de Audre Lorde, Patricia Hill Collins e Alice Walker, académicas como Nash, Ariane Cruz e Mireille Miller-Young criticam os impasses a que conduz a ênfase no «dano» provocado pela pornografia, em detrimento do prazer, e defendem uma negociação mais autónoma por parte das mulheres negras em relação ao aspeto da pornografia. Ver Ariane Cruz, *The Color of Kink: Black Women, BDSM and Pornography* (New York University Press, 2016) e Mireille Miller-Young, *A Taste for Brown Sugar: Black Women in Pornography* (Duke University Press, 2014).

P. 29, «a repetição de sentimentos positivos é sentida como opressiva»: Sara Ahmed, «Embodying Diversity: Problems and Paradoxes for Black Feminists», *Race, Ethnicity and Education*, 2009, 12(1), 41–52, p. 46.

P. 31, o que Rosalind Gill e Shani Orgad denominaram como a «cultura da confiança»: Rosalind Gill & Shani Orgad, «The Confidence Cult(ure)», *Australian Feminist Studies*, 2015, 30(86), 324–344.

P. 32, Sara Ahmed descreve esta «magnificação» da confiança como uma insinuação de que as raparigas são «os seus próprios obstáculos, interpostos no seu próprio caminho»: Sara Ahmed, «Losing Confidence», 1 de março de 2016, blogue *Feminist Killjoys*, feministkilljoys.com.

P. 34, Quando Bill Cosby admitiu ter adquirido *quaaludes* para dar às mulheres com quem queria fazer sexo: Holly Yan, Elliott C. McLaughlin, Dana Ford, «Bill Cosby Admitted to Getting Quaaludes to Give to Women», CNN.com, 8 de julho de 2015, edition.cnn.com.

P. 34, Como Mithu Sanyal sugere no livro *Rape*: Mithu Sanyal, *Rape: From Lucretia to #MeToo* (Londres, Verso, 2019), p. 22.

P. 35, queriam explorar «como tornar o mundo mais seguro para que as mulheres possam dizer "não" e "sim" ao sexo conforme nos apetecer»: Jaclyn Friedman, Jessica Valenti, *Yes Means Yes! Visions of Female Sexual Power and a World Without Rape* (Seal Press, 2008), p. 6.

P. 35, a Diretriz de Prevenção de Crimes Sexuais divulgada pelo Antioch College, uma pequena faculdade de artes liberais norte-americana: Ver o website de Antioch: antiochcollege.edu/campus-life/sexual-offense-prevention-policy-title-ix; e Samantha Stark, «I Kept Thinking of Antioch: Long before #MeToo, a Times Video Journalist Remembered a Form She Signed in 2004», *The New York Times*, 8 de abril de 2018, nytimes.com; Bethany Saltman, «We Started the Crusade for Affirmative Consent Way Back in the 90s», *The Cut*, 22 de outubro de 2014, thecut.com. Para outras (diversas e contrastantes) perspetivas sobre o consentimento afirmativo, ver Joseph J. Fischel, *Screw Consent: A Better Politics of Sexual Justice* (University of California Press, 2019); Peggy Orenstein, *Girls and Sex: Navigating the Complicated New Landscape* (Oneworld, 2016); Janet Halley, *Split Decisions: How and Why To Take a Break From Feminism* (Princeton University Press, 2016); Jennifer C. Nash, «Pedagogies of Desire», *differences: A Journal of Feminist Cultural Studies*, 2019, 30(1), 197–217; Janet Halley, «The Move to Affirmative Consent», *Signs*, 2016, 42(1), 257–279, Vanessa Grigoriadis, *Blurred Lines: Rethinking Sex, Power, and Consent on Campus* (Mariner Books, 2018); Emily A. Owens, «Consent», *differences*, 2019, 30(1), 148–156, p. 154.

P. 36, repreendeu a visão do Antioch College, acusando-a de «legislar os beijos»: «Ask First at Antioch», *The New York Times*, 11 de outubro de 1993, nytimes.com.

P. 36, «[...] estamos a tentar reduzir a espontaneidade da violação»: Karen Hall, «To the Editor: Antioch's Policy on Sex is Humanizing», *The New York Times*, 20 de outubro de 1993, nytimes.com.

P. 36, avisos terríveis dados às alunas recém-chegadas, instigando-as a «comunicar os seus limites de forma clara» e a «pensar cuidadosamente antes de se dirigirem ao apartamento ou dormitório de um amigo do sexo masculino»: Katie Roiphe, *The Morning After: Sex, Fear, and Feminism*, Little Brown, 1993; as citações invocadas por Roiphe pertencem, respetivamente, a um panfleto da American College Health Association e a Carol Pritchard, *Avoiding Rape on and off Campus*, State College Publishing Company, 1985; Roiphe, pp. 63–64. As citações seguintes de Roiphe foram retiradas das pp. 12 e 44.

P. 37, carta redigida pelo Presidente Obama em 2011, com o título «Caro Colega»: Russlyn Ali, «Dear Colleague Letter»,

Departamento de Educação dos Estados Unidos, 4 de abril de 2011, ed.gov.

P. 37, Uma nova burocracia do sexo, como foi designada por alguns críticos: Jacob Gersen, Jeannie Suk, «The Sex Bureaucracy», *California Law Review*, 2016, 104, 881–948. Ver também Jennifer Doyle, *Campus Sex, Campus Security* (Semiotext(e), 2015)

P. 38, «fazer entrar as versões mais restritas da feminilidade tradicional pela porta dos fundos», levando à «histeria oficialmente sancionada» e à «paranoia coletiva»: Laura Kipnis, *Unwanted Advances*, Verso, 2018, p. 1.

P. 38, «As flores de estufa murcharão à luz do dia pós-faculdade»: Roiphe, *op. cit.*, p. 109.

Pp. 38–39, «a imagem das flores murchas»: Kipnis, *op. cit.*, p. 122.

P. 39, «para remediar ambivalências sexuais ou experiências sexuais embaraçosas»: Kipnis, *op. cit.*, p. 17.

P. 39, «mesmo quando é mau (como acontece muitas vezes)», afigura-se «ainda assim educativo»: Kipnis, *op. cit.*, p. 13.

P. 40, «um termo aplicável ao que esta mulher experienciou na sua noite com Ansari. Chama-se "mau sexo". É uma chatice»: Bari Weiss, «Aziz Ansari is Guilty. Of Not Being a Mind-Reader», *The New York Times*, 15 de janeiro de 2018, nytimes.com.

P. 40, lamentou o facto de as estudantes «não conseguirem ultrapassar» trinta segundos ou quinze minutos de mau sexo: «Teaching Consent» (com Laura Kipnis), *podcast Public Intellectual* com Jessa Crispin, Temporada 1, Episódio 1, 25 de setembro de 2019, jessacrispin.libsyn.com.

P. 41, «*Cresce, isto é a vida real,* é o que ouço estas feministas a dizer»: Meghan Daum, «Team Older Feminist: Am I Allowed Nuanced Feelings about #MeToo?», *The Guardian*, 16 de outubro de 2019, theguardian.com.

P. 41, nenhuma diretriz poderia alguma vez «proteger todas as jovens daquelas horríveis manhãs do dia seguinte», momentos com os quais «as pessoas aprendem»: «Ask First at Antioch», *The New York Times*, 11 de outubro de 1993, nytimes.com.

P. 42, 30 por cento das mulheres experienciam dor durante o sexo vaginal e 72 por cento durante o sexo anal: D. Herbenick, V. Schick, S. A. Sanders, M. Reece, J. D. Fortenberry, «Pain Experienced during Vaginal and Anal Intercourse with Other-Sex Partners: Findings from a Nationally Representative Probability Study in the United States», *Journal of Sexual Medicine*, 2015, 12(4), 1040–1051.

Pp. 41–42, uma discrepância significativa entre homens e mulheres no que diz respeito ao prazer sexual e satisfação; as mulheres experienciam desproporcionalmente mais dificuldades sexuais, dor e ansiedade. Elas reportam menos satisfação na sua última relação sexual, bem como ao longo da vida; e, enquanto 90 por cento dos homens atingem o orgasmo durante o sexo, apenas 50 a 70 por cento das mulheres o alcançam: Ver David A. Frederick *et al.*, «Differences in Orgasm Frequency among Gay, Lesbian, Bisexual, and Heterosexual Men and Women in a U.S. National Sample», *Archives of Sexual Behavior*, 2017, 47(1), 273–288; O. Kontula, A. Miettinen, «Determinants of Female Sexual Orgasms», *Socioaffective Neuroscience and Psychology*, 2016, 6(1), 316–324; Juliet Richters *et al.*, «Sexual Practices at Last Heterosexual Encounter and Occurrence of Orgasm in a National Survey», *Journal of Sex Research*, 2006, 43(3), 217–226; ver também Katherine Rowland, *The Pleasure Gap: American Women and the Unfinished Sexual Revolution* (Seal Press, 2020).

Para dados específicos do Reino Unido, ver K. R. Mitchell, C. H. Mercer, G. B. Ploubidis *et al.*, «Sexual Function in Britain: Findings from the Third National Survey of Sexual Attitudes and Lifestyles (Natsal-3)», *The Lancet*, 2013, 382(9907), 1817–1829.

O estudo Natsal-3 concluiu que, quando lhes era perguntado se tinham experienciado problemas sexuais com uma duração de três meses ou superior no último ano, 34 por cento das mulheres no Reino Unido reportavam falta de interesse sexual; 16 por cento referiam a dificuldade em atingir o orgasmo; 13 por cento referiam o desconforto provocado por secura vaginal; e 12 por cento referiam a falta de satisfação no sexo.

P. 42, quando falam em «sexo bom», as mulheres tendem a referir-se à ausência de dor, enquanto os homens se referem à obtenção do orgasmo: Lili Loofbourow, «The Female Price of Male Pleasure», *The Week*, 25 de janeiro de 2018, theweek.com. Ver também Sara I. McClelland, «Intimate Justice: A Critical Analysis of Sexual Satisfaction», *Social and Personality Psychology Compass*, 2010, 4(9), 663–680.

P. 42, Uma em cada cinco mulheres sofre uma violação ou tentativa de violação ao longo da sua vida, e um terço dos parceiros íntimos exerce violência física contra as mulheres: Ver RAINN (Rede Nacional contra a Violação, Abuso Sexual e Incesto) em rainn.org, Liga Nacional contra a Violência Doméstica e Centro Nacional de Recursos sobre Violência Sexual em nsvrc.org para dados sobre os EUA e ainda a Agência Nacional de Estatística do Reino Unido em ons.gov.uk/peoplepopulationandcommunity/crimeandjustice/articles/sexualoffencesinenglandandwales//yearendingmarch2017#which-groups-of-people-aremost-likely--to-be-victims-of-sexual-assault.

A Agência Nacional de Estatística do Reino Unido sugere que 20 por cento das mulheres e 4 por cento dos homens experienciaram algum tipo de agressão sexual desde os 16 anos. Cerca de cinco em cada seis vítimas (83 por cento) não denunciaram estas experiências à polícia (dados retirados do Estudo sobre o Crime em Inglaterra e País de Gales, realizado em março de 2017, e dos crimes registados pela polícia). Estima-se que 12,1 por cento dos adultos com idades compreendidas entre os 16 e os 59 anos experienciaram agressão sexual (incluindo tentativas) desde os 16 anos. Cerca de 3,6 por cento dos adultos experienciaram agressão sexual doméstica (incluindo tentativas) — por um parceiro ou membro da família. Entre as mulheres, 3,1 por cento experienciaram uma agressão sexual no último ano, em contraste com 0,8 por cento dos homens. As mulheres e as raparigas com idades compreendidas entre os 10 e os 24 anos tinham uma probabilidade desproporcionalmente maior de ser vítimas dos crimes sexuais registados pela polícia, em particular aquelas com idades entre os 10 e os 14 anos, ou entre os 15 e os 19 anos. As mulheres com uma doença crónica ou deficiência tinham mais probabilidade de ter sido vítimas de agressão sexual nos últimos 12 meses do que aquelas sem doença prolongada ou deficiência (5,3 por cento em contraste com 2,3 por cento). Para a maioria das mulheres vítimas de violação ou agressão sexual com penetração (incluindo tentativas), o atacante era um companheiro ou ex-companheiro (45 por cento), ou outra pessoa que conheciam excluindo companheiros ou membros da família (38 por cento). Um sétimo das vítimas do sexo feminino denunciou o atacante como sendo um desconhecido (13 por cento). Dados da Home Office sugerem que um terço dos crimes de violação contra mulheres foi alegadamente cometido por um parceiro íntimo; já o Estudo sobre o Crime em Inglaterra e País de Gales sugeriu que quase metade (45 por cento) das agressões sexuais com violação ou penetração (incluindo tentativas) contra as mulheres foram perpetradas por um companheiro ou ex-companheiro. O local mais comum para a violação ou agressão sexual com penetração era a casa da vítima (39 por cento) ou a casa do atacante (24 por cento). Em 9 por cento dos casos, as agressões aconteceram num parque, rua ou outro espaço público aberto. Entre as respondentes que experienciaram violação ou agressão sexual com penetração desde os 16 anos, 99 por cento reportaram que o atacante era do sexo masculino. Aproximadamente um terço das vítimas não contou a ninguém sobre a sua mais recente experiência de agressão sexual. Quase dois terços das vítimas evidenciaram sofrimento mental e emocional após uma agressão sexual; em consequência, uma em cada dez tentou o suicídio.

P. 42, uma em cada seis fora vítima de uma violação ou tentativa de violação no final do seu primeiro ano, muitas vezes enquanto se encontrava em estado de grande embriaguez ou incapacitada: K. B. Carey, S. E. Durney, R. L. Shepardson, M. P. Carey, «Incapacitated and Forcible Rape of College Women: Prevalence across the First Year», *Journal of Adolescent Health*, 2015, 56, 678–680.

P. 42, «elas simplesmente acordaram seminuas e não se lembravam de nada a não ser de fazerem o pino em cima de barris de cerveja ao som de músicas da Taylor Swift. Elas não sabem bem o que lhe chamar»: Vanessa Grigoriadis, *Blurred Lines: Rethinking Sex, Power, and Consent on Campus* (Mariner Books, 2018), p. 38.

P. 43, os jovens falam em «destruir» mulheres, em «as rasgar», em «dar cabo» delas: Peggy Orenstein, *Boys and Sex: Young Men on Hookups, Love, Porn, Consent, and Navigating the New Masculinity* (Harper Collins, 2020), p. 28.

P. 43, a universidade foi alvo de duras críticas em 2019 por confiar a investigação do caso a um assessor de imprensa: Dulcie Lee, Larissa Kennelly, «Inside the Warwick University rape chat scandal», *BBC News*, 28 de maio de 2019, bbc.co.uk.

P. 46, aparenta ser «intrinsecamente canhestro e retrógrado», «despojando o sexo do eros»: Daphne Merkin, «Publicly, We Say #MeToo. Privately, We Have Misgivings», *The New York Times*, 5 de janeiro de 2018, nytimes.com.

P. 46, para quem a negociação de limites é determinante na gestão dos riscos inerentes ao trabalho: Ver, por exemplo, Juno Mac e Molly Smith, *Revolting Prostitutes: The Fight for Sex Workers'*

Rights (Verso, 2018); Lola Olufemi, *Feminism, Interrupted: Disrupting Power* (Pluto Press, 2020); Judith Levine, Erica R. Meiners, *The Feminist and the Sex Offender: Confronting Sexual Harm, Ending State Violence* (Verso, 2020).

P. 47, «a função do homem é a de intensificar e liderar a interação, enquanto a função da mulher é dizer *sim* ou *não*»: Alex Manley, «Signs She's Interested in Having Sex with You», *AskMen*, 13 de dezembro de 2019, askmen.com.

P. 47, se o casamento e o sexo fossem experiências vistas pelas mulheres como apelativas e desejáveis, «não falaríamos sobre o consentimento das mulheres, mas antes sobre o seu desejo»: Ann Cahill, *Rethinking Rape* (Cornell University Press, 2001), p. 174. Cahill parafraseia o trabalho de Carole Pateman em *The Sexual Contract* (Polity, 1988) e *The Disorder of Women: Democracy, Feminism, and Political Theory* (Stanford University Press, 1989).

P. 48, fantasia do liberalismo, na qual, para usar a fórmula de Emily A. Owens, «a igualdade simplesmente existe»: Emily A. Owens, «Consent», *differences*, 2019, 30(1), 148–156, p. 154.

P. 49, «[...] incluído nos preliminares, transformado numa parte integrante de uma relação sexual à medida que os parceiros trocam gracejos, provocações e monitorizam entre si o que vão (ou não vão) fazer»: Citado em Terry Goldsworthy, «Yes Means Yes: Moving to a Different Model of Consent for Sexual Interactions», *The Conversation*, theconversation.com. Ver também as diversas campanhas com o mote «Consentimento é *sexy*» em inúmeras universidades norte-americanas e a análise das mesmas em Jennifer C. Nash, «Pedagogies of Desire», *differences: A Journal of Feminist Cultural Studies*, 2019, 30(1), 197–217.

P. 51, numa entrevista, Geri Halliwell disse que Margaret Thatcher fora «a primeira Spice Girl, a pioneira da nossa ideologia»: Simon Sebag Montefiore, «Interview with the Spice Girls», 14 de dezembro de 1996, spectator.co.uk.

P. 51, a visão de que o feminismo alcançara os seus objetivos, vistos sobretudo como económicos, e já não precisava de se preocupar ansiosamente com a sexualidade: Ver Angela McRobbie, *The Aftermath of Feminism: Gender, Culture and Social Change* (Londres, Sage, 2009).

P. 52, «tomar a dianteira contanto que o feminismo ficasse pelo caminho»: McRobbie, p. 56.

P. 54, nos termos da estudiosa do risco Rachel Hall, um «receio diligente»: Rachel Hall, «"It Can Happen to You": Rape Prevention in the Age of Risk Management», *Hypatia*, 2004, 19(3), 1–19, p. 10.

Pp. 55–56, «[...] oposto de um corpo que é suposto ser macio, poroso, suave»: Chanel Miller, *Know My Name* (Londres, Viking, 2019), p. 263.

P. 56, «no seu lugar sem chorarem no nosso ombro ou implorarem por ajuda ou aconselhamento»: Katie Roiphe, *The Morning After*, p. 101.

P. 56, esta «província lacrimosa de trauma e crise»: *Ibid.*, p. 56.

P. 57, «As coisas que eu escrevia quando tinha 20 anos não eram mentiras», confessa a autora, «eram desejos»: Katie Roiphe, *The Power Notebooks* (Free Press, 2020), p. 134.

P. 57, «as mulheres precisavam de ser muito claras sobre as suas intenções» e «de estar preparadas para as circunstâncias em que se encontravam»: *The Daily, podcast* do *The New York Times,* 7 de fevereiro de 2020, nytimes.com.

P. 57, «poderá tanto querer ter relações sexuais como não querer ter relações sexuais»: Nicholas J. Little, «From No Means No to Only Yes Means Yes: The Rational Results of an Affirmative Consent Standard in Rape Law», *Vanderbilt Law Review*, 2005, 58(4), 1321–1364, p. 1354.

Capítulo Dois

P. 61, mas muitas delas, em contrapartida, também experienciam uma «sexualidade responsiva» — o desejo provocado por «momentos específicos de contacto romântico e sexual»: Alex Manley, «How To Arouse A Woman», *AskMen*, 25 de novembro de 2019, askmen.com.

P. 62, «não são tão facilmente persuadidas por imagens e conversas diretas»: Neil Strauss, *The Game: Undercover in the Secret Society of Pickup Artists* (Canongate, 2005), p. 63.

P. 62, a história evolucionária especulativa não dita ou justifica quaisquer comportamentos sexuais específicos: Ver Rachel O'Neill, «Feminist Encounters with Evolutionary Psychology», *Australian Feminist Studies*, 2015, 30(86), 345–350, e Amanda Denes, «Biology as Consent: Problematizing the Scientific Approach to Seducing Women's Bodies», *Women's Studies International Forum*, 2011, 34, 411–419.

P. 63, «o Mistério e eu estávamos a tornar o mundo um lugar mais seguro»: Strauss, *The Game*, p. 95.

P. 63, «o sexo era um direito seu e uma responsabilidade nossa»: Chanel Miller, *Know My Name*, p. 90.

P. 63, «ele é uma estrela *rock*. Ele não precisa de fazer sexo não consensual»: Edward Helmore, «R Kelly: Judge sets $1m bail for singer on sexual abuse charges», *The Guardian*, 23 de fevereiro de 2019, theguardian.com.

P. 64, «carregado até à exaustão, à beira de uma violência incontrolável»: Andrew Jackson Davis, *The Genesis and Ethics of Conjugal Love* (Colby & Rich, 1874 [1881]), p. 28.

P. 64, «rapidamente tóxica»: Emily Nagoski, *Come As You Are: The Surprising Science That Will Transform Your Sex Life* (Scribe, 2015), p. 232.

P. 65, O livro de Masters e Johnson *Human Sexual Response*, publicado em 1966: William H. Masters e Virginia E. Johnson, *Human Sexual Response* (Bantam Books, 1966).

P. 66, «a imagem mais indelével [do livro], a de uma mulher a acasalar consigo mesma por meio de uma máquina»: Citado em Thomas Maier, *Masters of Sex: The Life and Times of William Masters and Virginia Johnson, The Couple who Taught America How to Love* (Basic Books, 2009), p. 173.

P. 67, Eles destacaram esta similitude em dois níveis. O primeiro era o nível da fisiologia: Ver Masters e Johnson, e também Paul Robinson, *The Modernization of Sex* (Harper & Row, 1976); Ruth Brecher e Edward M. Brecher (eds.), *An Analysis of 'Human Sexual Response'* (Deutsch, 1967); Ross Morrow, *Sex Research and Sex Therapy: A sociological Analysis of Masters and Johnson* (Londres, Routledge, 2008), Leonore Tiefer, *Sex is not a Natural Act and Other Essays* (Westview Press, 2004).

P. 69, «Os sentimentos sexuais de um homem são facilmente e rapidamente despertados, e são rapidamente satisfeitos»: Helena Wright, *The Sex Factor in Marriage* (Londres, Williams & Norgate, 1955 [1930]).

P. 69, Uma esposa tinha «a potencialidade de um apetite sexual apurado», escreveu um sexólogo em 1937, e cabia ao marido «o privilégio de o despertar e manter» com paciência e ternura: M. Huhner, *The Diagnosis and Treatment of Sexual Disorders in the Male and Female, Including Sterility and Impotence* (Filadélfia, FA Davis, 1937).

P. 69, Sem a devida precaução, a frigidez e a ninfomania seriam os dois potenciais resultados: Sobre todos estes assuntos, ver Katherine Angel, «The History of "Female Sexual Dysfunction" as a Mental Disorder in the Twentieth Century», *Current Opinion in Psychiatry*, 2010, 23(6), 536–541; Hera Cook, *The Long Sexual Revolution: English Women, Sex and Contraception in England*

1800–1975 (Oxford, Oxford University Press, 2004); Peter Cryle e Alison Moore, *Frigidity: An Intellectual History* (Palgrave, 2011); Peter Cryle, «A Terrible Ordeal from Every Point of View: (Not) Managing Female Sexuality on the Wedding Night», *Journal of the History of Sexuality*, 2009, 18(1), 44–64.

P. 70, «entre identidades sexuais»: Jane Gerhard, *Desiring Revolution: Second-Wave Feminism and the Rewriting of American Sexual Thought, 1920 to 1982* (Columbia University Press, 2001), p. 31.

P. 70, nem homossexual nem heterossexual, mas potencialmente tudo isso em simultâneo: Ver Sigmund Freud, *Three Essays on the Theory of Sexuality* (1962, *Standard Edition Volume 7*, publicado originalmente em 1905).

P. 71, a repressão clitoriana e o amadurecimento vaginal eram a pedra basilar da feminilidade apropriada: Karl Abraham, «Manifestations of the Female Castration Complex», *in Selected Papers on Psychoanalysis* (Hogarth, 1920), 335–369; Marie Bonaparte, *Female Sexuality* (Grove, 1953); Eduard Hitschmann e Edmund Bergler, *Frigidity in Women: Its Characteristics and Treatment* (Nervous and Mental Diseases Publications, 1936); Karen Horney, «The Flight from Womanhood: The Masculinity Complex in Women as Viewed by Men and by Women», *International Journal of Psycho-analysis*, 7, 1926, 324–339.

P. 71, as feministas brancas não reconheciam os privilégios implícitos em conceber a sexualidade como uma fonte primordial da identidade: Frances M. Beal, «Double Jeopardy: To be Black and Female», *in* Robin Morgan (ed.), *Sisterhood is Powerful* (Vintage, 1970), 383–396; Linda La Rue, «The Black Movement and Women's Liberation», *in* Beverly Guy-Sheftall (ed.), *Words of Fire: An Anthology of African-American Feminist Thought* (Free Press, 1995) (os escritos de La Rue datam de 1971).

P. 72, feministas como Anne Koedt e Ti-Grace Atkinson, as quais detetaram grande potencial emancipatório no trabalho de Masters e Johnson: Anne Koedt, «The Myth of the Vaginal Orgasm», *in* Anne Koedt e Shulamith Firestones (eds.), *Notes from the Second Year* (New York Radical Feminists, 1970). (Uma primeira versão foi publicada em *Notes from the First Year*, de 1968; a segunda versão foi ampliada); Ti-Grace Atkinson, «The Institution of Sexual Intercourse», *in* Koedt e Firestone, *Notes from the Second Year*.

P. 72, Mailer admite uma nova «irritação ante a ubíqua plenitude de orgasmos da mulher com aquele pénis de plástico, aquele dildo de laboratório, aquele vibrador!»: Norman Mailer, *The Prisoner of Sex* (Weidenfeld & Nicholson, 1972 [1971]), p. 76. Citações seguintes de Mailer: p. 198, p. 76.

P. 73, o «direito» das mulheres a desfrutarem dos seus corpos estava agora, segundo Densmore, a transformar-se num dever: Dana Densmore, «Independence from the Sexual Revolution», *No More Fun and Games: A Journal of Female Liberation* (1971), republicado *in* Koedt, Levine e Rapone, *Radical Feminism*, 107–118, p. 110.

P. 73, «o que verdadeiramente procuramos é a proximidade, a fusão, talvez uma espécie de esquecimento do *eu*»: Densmore, *op. cit.*, p. 114.

P. 74, O DSM III classificou as disfunções sexuais com base no ciclo da resposta sexual humana: Ver Katherine Angel, «Contested Psychiatric Ontology and Feminist Critique: "Female Sexual Dysfunction" and the Diagnostic and Statistical Manual», *History of the Human Sciences*, 25(3), 2012, 3–24.

Pp. 74–75, A indústria farmacêutica, com o seu *marketing* implacável e as suas táticas de *lobby*: Ver David Healy, *The Creation of Psychopharmacology* (Harvard University Press, 2002).

P. 75, Um estado de espírito de profundo ceticismo veio ao de cima, com inúmeros livros publicados sobre os males do DSM e da psiquiatria farmacêutica: Peter Kramer, *Listening to Prozac* (Viking, 1997); David Healy, *The Anti-Depressant Era* (Harvard University Press, 1997); A. V. Horwitz e J. C. Wakefield, *The Loss of Sadness: How Psychiatry Transformed Normal Sorrow into Depressive Disorder* (Oxford University Press, 2007); S. A. Kirk e H. Kutchins, *The Selling of DSM: The Rhetoric of Science in Psychiatry* (Nova Iorque, Walter de Gruyter, 1992); H. Hutchins e S. A. Kirk, *Making us Crazy: DSM — The Psychiatric Bible and the Creation of Mental Disorders* (Constable, 1997); R. Moynihan e A. Cassels, *Selling Sickness: How the World's Biggest Pharmaceutical Companies Are Turning Us All into Patients* (Nation Books, 2005).

P. 75, Também o Viagra se viu enredado nestes debates e preocupações: Ver J. Drew, «The Myth of Female Sexual Dysfunction and Its Medicalization», *Sexualities, Evolution and Gender*, 5, 2003, 89–96; J. R. Fishman, «Manufacturing Desire: The Commodification of Female Sexual Dysfunction», *Social Studies of Science*, 2004, 34, 187–218; H. Hartley, «"Big Pharma" in our Bedrooms: An Analysis of the Medicalisation of Women's Sexual Problems», *Advances in Gender Research: Gender Perspectives on Health and Medicine*, 2003, 7, 89–129; E. Kaschak e L. Tiefer (eds.), *A New View of Women's Sexual Problems* (Haworth Press, 2001); M. Loe, The Rise of Viagra: *How the Little Blue Pill Changed Sex in America* (New York University Press, 2004); R. Moynihan e B. Mintzes, *Sex, Lies, and Pharmaceuticals: How Drug Companies Plan to Profit from Female Sexual Dysfunction* (Greystone Press, 2010); A. Potts, «The Essence of the Hard-on: Hegemonic Masculinity and the Cultural Construction of "Erectile Dysfunction"», *Men and Masculinities*, 2000, 3(1), 85–103. Ver também E. Laan, R. H. van Lunsen, W. Everaerd, A. Riley,

E. Scott e M. Boolell, «The Enhancement of Vaginal Vasocongestion by Sildenafil in Healthy Premenopausal Women», *J of Women's Health and Gender-Based Medicine*, 11, 2002, 357–365.

P. 76, com várias companhias de seguros a recusarem incluí-lo na sua cobertura: Ver Weronika Chanska e Katarzyna Grunt-Mejer, «The Unethical Use of Ethical Rhetoric: The Case of Flibanserin and Pharmacologisation of Female Sexual Desire», *J Medical Ethics*, 2016, 0, 1–4.

P. 77, «se queremos saber o que acontece», temos de «trabalhar com aqueles a quem acontece»: N. Lehrman, *Masters and Johnson Explained* (Playboy Press, 1970), p. 170.

P. 77, duas vezes mais comum nas mulheres do que nos homens: Ver M. E. McCool *et al.*, «Prevalence of Female Sexual Dysfunction among Premenopausal Women: A Systematic Review and Meta-analysis of Observational Studies», *Sexual Medicine Reviews*, 2016, 4(3), 197–212; J. L. Shifren *et al.*, «Sexual Problems and Distress in United States Women: Prevalence and Correlates», *Obstetrics and Gynecology*, 2008, 112(5), 970–978; Lucia O'Sullivan *et al.*, «A Longitudinal Study of Problems in Sexual Function and Related Sexual Distress among Middle to Late Adolescents», *Journal of Adolescent Health*, 2016, 59(3), 318–324. Ver também Katherine Rowland, *The Pleasure Gap: American Women and the Unfinished Sexual Revolution* (Seal Press, 2020).

P. 77, «como o funcionamento de um relógio mecânico»: L. Tiefer, *Sex is Not a Natural Act and Other Essays*, Capítulo 4.

P. 78, excitação num contexto conducente ao desejo: Nagoski, *Come As You Are*, Capítulos 6 e 7.

P. 78, novo entendimento emergiu em resultado do trabalho de uma série de investigadores: Ver Lori Brotto, «The DSM Diagnostic Criteria for Hypoactive Sexual Desire in Women», *Archives of Sexual Behavior*, 2010, 221–239; Marta Meana, «Elucidating Women's (Hetero)Sexual Desire: Definitional Challenges and

Content Expansion», *Journal of Sex Research*, 2010, 47(2–3), 104–122; C. A. Graham, S. A. Sanders, R. Milhausen e K. McBride, «Turning on and Turning Off: A Focus Group Study of the Factors That Affect Women's Sexual Arousal», *Archives of Sexual Behavior*, 2004, 33, 527–538. Ver também C. A. Graham, P. M. Boynton e K. Gould, «Women's Sexual Desire: Challenging Narratives of "Dysfunction"», *European Psychologist*, 2017, 22(1), 27–38.

P. 79, Exercendo uma enorme influência, Rosemary Basson: Ver R. Basson, «The Female Sexual Response: A Different Model», *Journal of Sex and Marital Therapy*, 2000, 26, 51–64; «Rethinking Low Sexual Desire in Women», *BJOG: An International Journal of Obstetrics and Gynecology*, 2002, 109, 357–363.

P. 81, terapia com pacientes inspirada no trabalho de Basson: Lori Brotto, *Better Sex Through Mindfulness: How Women Can Cultivate Desire* (Greystone Books, 2018).

Pp. 81–82, num período de grande empolgação em torno dos tratamentos farmacológicos para os problemas sexuais: Ver Rosemary Basson *et al.*, «Report of the International Consensus Development Conference on Female Sexual Dysfunction: Definitions and Classifications», *Journal of Urology*, 2000, 163, 888–893.

P. 82, «cultura da vulgaridade»: Ariel Levy, *Female Chauvinist Pigs: Women and the Rise of Raunch Culture* (Simon & Schuster, 2005).

P. 82, Natasha Walter: *Living Dolls: The Return of Sexism* (Virago, 2010), p. 8.

P. 83, este contexto nem sempre é conducente à satisfação das mulheres: Ver Leonore Tiefer, *Sex is Not a Natural Act and Other Essays* (Westview Press, 2004).

P. 85, o trabalho, como já se argumentou, do amor heterossexual: Thea Cacchioni, *Big Pharma, Women, and the Labour of Love* (University of Toronto Press, 2015).

P. 85, inúmeros manuais de sexo: Ver Kristina Gupta e Thea Cacchioni, «Sexual Improvement as if Your Health Depends on It: An Analysis of Contemporary Sex Manuals», *Feminism and Psychology*, 2013, 23(4), 442–458.

P. 85, exercer pressão sobre um parceiro: Ver Alyson K. Spurgas, «Interest, Arousal, and Shifting Diagnoses of Female Sexual Dysfunction, Or: How Women Learn about Desire», *Studies in Gender and Sexuality*, 2013, 14(3), 187–205; Katherine Angel, «Commentary on Spurgas's "Interest, Arousal, and Shifting Diagnoses of Female Sexual Dysfunction"», *Studies in Gender and Sexuality*, 2013, 14(3), 206–216.

P. 85, A linguagem utilizada para promover o desejo responsivo é bastante reveladora: Rosemary Basson, «Female Sexual Response: A Different Model», *Journal of Sex and Marital Therapy*, 2000, 26, 51–64, p. 51; Lori Brotto, *Better Sex Through Mindfulness: How Women can Cultivate Desire* (Greystone Books, 2018), pp. 97–98.

P. 87, explicações para o sexo no caso das mulheres: Cindy Meston e David Buss, *Why Women Have Sex: Understanding Sexual Motivation from Adventure to Revenge (and Everything in Between)* (Vintage, 2010).

P. 91, «vinte minutos de ação»: Elle Hunt, «"20 Minutes of Action": Father Defends Stanford Student Son Convicted of Sexual Assault», *The Guardian*, 6 de junho de 2016, theguardian.com.

P. 93, aquilo a que Sophie Lewis chamou «uma experimentação sem reservas e polimorfa»: Sophie Lewis, «Collective Turn-Off», *Mal Journal*, 5, agosto de 2020, maljournal.com.

Capítulo Três

P. 95, «As mulheres adoram sexo, ainda mais do que nós», reivindica um artista do engate entrevistado pela socióloga Rachel O'Neill: Rachel O'Neill, *Seduction: Men, Masculinity and Mediated Intimacy* (Polity, 2018), p. 98 *passim*.

P. 96, podem, às vezes, experienciar uma excitação físiológica durante um ataque [...], bem como atingir o orgasmo: Ver Roy J. Levin e Willy van Berlo, «Sexual Arousal and Orgasm in Subjects Who Experience Forced or Non-Consensual Stimulation: A Review», *Journal of Clinical Forensic Medicine*, 2004, 11, 82–88. Ver também C. M. Meston, «Sympathetic Activity and the Female Sexual Arousal», *American Journal of Cardiology*, 2000, 20, 82, 2A, 30–34; C. A. Ringrose «Pelvic Reflexes in Rape Complainants», *Canadian Journal of Public Health*, 1977, 68, 31; C. Struckman-Johnson e D. Struckman-Johnson, «Men Pressured and Forced into Sexual Experience», *Archives of Sexual Behavior*, 1994, 23, 93–114.

P. 97, segundo a historiadora Joanna Bourke: Joanna Bourke, *Rape: A History from 1860 to the Present* (Virago, 2007).

P. 97, resposta genital [...] «é simplesmente uma resposta»: Ver Nagoski, *op. cit.*; E. Laan e W. Everaerd, «Determinants of Female Sexual Arousal: Psychophysiological Theory and Data», *Annual Review of Sex Research*, 1995, 6, 32–76.

P. 97, Meredith Chivers e a sua equipa: M. L. Chivers e J. M. Bailey, «A Sex Difference in Features That Elicit Genital Response», *Biological Psychology*, 2005, 70, 115–120. Estudos posteriores basearam-se nesta investigação, tal como o de M. L. Chivers, M. C. Seto e R. Blanchard, «Gender and Sexual Orientation Differences in Sexual Response to the Sexual Activities Versus the Gender of Actors in Sexual Films», *Journal of Personality and Social Psychology*, 2007, 93, 1108–1121. (As mulheres que se identificavam como lésbicas evidenciaram maior excitação com vídeos de mulheres do que com vídeos de homens; as suas respostas foram mais específicas.)

P. 98, as respostas dos seus corpos não correspondem àquilo que elas dizem sentir: Para mais investigação nesta área, ver K. D. Suschinsky, M. L. Lalumiere e M. L. Chivers, «Sex Differences in Patterns of Genital Sexual Arousal: Measurement Artifacts or True Phenomena?», *Archives of Sexual Behavior*, 2009, 38(4), 559–573; M. L. Chivers, M. C. Seto, M. L. Lalumiere, E. Laan e T. Grimbos. «Agreement of Self-Reported and Genital Measures of Sexual Arousal in Men and Women: A Meta-Analysis», *Archives of Sexual Behavior*, 2010, 39(5), 5–56.

O trabalho de Chivers baseia-se na investigação de Ellen Laan, nomeadamente, E. Laan e W. Everaerd, «Physiological Measures of Vaginal Vasocongestion», *International Journal of Impotence Research*, 1998, 10:S107–S110; E. Laan, W. Everaerd, J. van der Velde e J. H. Geer, «Determinants of Subjective Experience of Sexual Arousal in Women: Feedback from Genital Arousal and Erotic Stimulus Content», *Psychophysiology*, 1995, 32, 444–451; E. Laan e W. Everaerd, «Determinants of Female Sexual Arousal: Psychophysiological Theory and Data», *Annual Review of Sex Research*, 1995, 6, 32–76; E. Laan e W. Everaerd, «Physioloigcal Measures of Vaginal Vasocongestion», *International Journal of Impotence Research*, 1998, 10, S107–S110; E. Laan, W. Everaerd, J. van der Velde e J. H. Geer, «Determinants of Subjective Experience of Sexual Arousal in Women: Feedback from Genital Arousal and Erotic Stimulus Content», *Psychophysiology*, 1995, 32, 444–451. Ver também S. Both, W. Everaerd, E. Laan e E. Janssen, «Desire Emerges from Excitement: A Psychophysioloigcal Perspective on Sexual Motivation», *in* E. Janssen (ed.), *The Psychophysiology of Sex* (Indiana University Press, 2007), pp. 327–339.

P. 99, no recente livro *Untrue*: Wednesday Martin, *Untrue: Why Nearly Everything We Believe About Women, Lust, and Infidelity is Wrong and How the New Science Can Set Us Free* (Scribe, 2018), citações p. 44–45.

P. 99, O conselheiro sexual Kenneth Play concorda: Alex Manley, «the Orgasm Gap: What It Is and Why You Should Care about It», *Ask.Men*, 6 de fevereiro de 2020, uk.askmen.com.

P. 100, «[...] mentes negavam os corpos», Daniel Bergner, *What Do Women Want? Adventures in the Science of Female Desire* (Harper Collins, 2013), pp. 13–14.

P. 100, «[...] à qual ambos os sexos se agarram»: Bergner, p. 7.

P. 100, «deixou em choque» um editor: Bergner em entrevista com Tracy Clark-Flory, «The Truth about Female Desire: It's Base, Animalistic and Ravenous», *Salon*, 2 de junho de 2013, salon.com.

P. 100, «[...] fazem que as mulheres não se conheçam a si mesmas e às suas próprias libidos»: Martin, *Untrue*, p. 42.

P. 101, «[...] aquilo que *realmente faz com que os seus corpos reajam*»: Brooke Magnanti, *The Sex Myth: Why Everything We're Told Is Wrong* (Weidenfeld & Nicolson, 2012), p. 11.

P. 101, «agentes inequívocos de sinceridade»: Alain de Botton, *How To Think More About Sex* (Macmillan, 2012), p. 23.

P. 103, Kinsey e a sua equipa dirigiram uma bateria de questões a milhares de participantes: Ver A. C. Kinsey, W. B. Pomeroy e C. E. Martin, *Sexual Behavior in the Human Male* (WB Saunders, 1948); Alfred C. Kinsey, Wardell B. Pomeroy, Clyde E. Martin e Paul H. Gebhard, *Sexual Behaviour in the Human Female* (WB Saunders, 1953). Ver também Paul Robinson, *The Modernization of Sex* (Nova Iorque, Harper & Row, 1976); Donna J. Drucker, *The Classification of Sex: Alfred Kinsey and the Organization of Knowledge* (University of Pittsburgh Press, 2014); Jonathan Gathorne-Hardy, *Alfred C. Kinsey: Sex The Measure of All Things* (Chatto & Windus, 1998).

P. 107, porque a quantificação está intimamente associada à objetividade e neutralidade (dois dos valores mais reverenciados do empreendimento científico): Ver Lorraine Daston e Peter Galison, *Objectivity* (Zone Books, 2007).

P. 108, Por vezes, os estudos recorrem à fantasia, mas é mais comum usarem audiodescrições de atos sexuais e imagens visuais ou filmes: Para uma análise útil das complexidades da medição nesta área, ver M. L. Chivers e L. Brotto, «Controversies of Women's Sexual Arousal and Desire», *European Psychologist*, 2017, 22(1), 5–26.

Pp. 108–109, pesquisas que analisam especificamente as respostas das mulheres a diferentes tipos de pornografia revelam que elas reagem de forma diferente consoante aquilo que estão a ver: Ver M. L. Chivers, M. C. Seto, M. L. Lalumière, E. Laan e T. Grimbos, «Agreement of Self-Reported and Genital Measures of Sexual Arousal in Men and Women: A Meta-Analysis», *Archives of Sexual Behavior*, 2010, 39, 5–56; ver também M. L. Chivers e L. A. Brotto, «Controversies of Women's Sexual Arousal and Desire», *European Psychologist*, 2017, 22(1), 5–26.

P. 111, «o que é verdadeiro e natural parece estar subjacente», como escreveu a antropóloga Marilyn Strathern: Marilyn Strathern, «The Tyranny of Transparency», *British Educational Research Journal*, 2000, 26(3), 309–321.

P. 111, e também estímulos de ameaça sexual: Ver S. Both, W. Everaerd e E. Laan, «Modulation of Spinal Reflexes by Aversive and Sexually Appetitive Stimuli», *Psychophysiology*, 2003, 40, 174–183.

P. 113, uma falha da potência viril: Ver A. Potts, V. Grace, N. Gavey e T. Vares, «Viagra Stories: Challenging "Erectile Dysfunction"», *Social Science and Medicine*, 2004, 59(3), 489–499.

P. 114, a Mulher-Maravilha inculcaria «uma feminilidade forte, livre e corajosa»: Ver Jill Lepore, «The Last Amazon», *New*

Yorker, 15 de setembro de 2014 (as citações seguintes também foram retiradas deste artigo); ver também Lepore, *The Secret History of Wonder Woman* (A. A. Knopf, 2014).

P. 114, quem fora determinante para o desenvolvimento do polígrafo moderno? William Marston: W. H. Marston, *The Lie Detector* (Nova Iorque, Richard Smith, 1938); G. C. Bunn, «The Lie Detector, Wonder Woman and Liberty: The Life and Work of William Moulton Marston», *History of the Human Sciences*, 1997, 10(1), 91–119.

P. 114, Antes, já existiam tecnologias para a deteção de mentiras: D. Grubin e L. Madsen, «Lie Detection and the Polygraph: A Historical Review», *The Journal of Forensic Psychiatry and Psychology*, 2005, 16(2), 357–369; K. Segrave, *Lie Detectors: A Social History* (McFarland and Co., 2004). Sobre os usos do polígrafo na regulação sexual, ver A. S. Balmer e R. Sandland, «Making Monsters: The Polygraph, the Plethysmograph, and Other Practices for the Performance of Abnormal Sexuality», *Journal of Law and Society*, 2012, 39(4), 593–615.

P. 115, «mentira da sua própria infalibilidade»: Ian Leslie, *Born Liars: Why We Can't Live Without Deceit* (Quercus, 2011).

P. 117, «o frenesim do visível»: Linda Williams, *Hard Core: Power, Pleasure, and the Frenzy of the Visible* (Pandora, 1990 [University of California Press, 1989]), p. 7.

Capítulo Quatro

P. 125, teórica feminista Ann Snitow: Sarah Leonard e Ann Snitow, «The Kids Are Alright: A Legendary Feminist on Feminism's Future», *The Nation*, 18 de outubro de 2016, thenation.com.

Pp. 125–126, «Uma parte significativa da população feminina viva em constante medo»: Mithu Sanyal, *Rape: From Lucretia to #MeToo* (Verso, 2019), p. 34.

P. 126, no seu romance de 1995, *In the Cut*: Susanna Moore, *In the Cut* (A. Knopf, 1995).

P. 129, «a primeira pessoa com quem precisas de aprender a comunicar sobre sexo és tu mesma»: Jaclyn Friedman, *What You Really Want: The Smart Girl's Shame-Free Guide to Sex and Safety* (Seal Press, 2011), p. 188.

P. 129, «[...] em vez de esperares que ela encaixe de forma ótima com a de um parceiro»: Karen Gurney, *Mind The Gap: The Truth About Desire and How to Futureproof Your Sex Life* (Headline, 2020), p. 64.

P. 130, experienciam o prazer e a satisfação dos seus parceiros masculinos como bem mais prementes do que o seu próprio prazer e satisfação: Ver Peggy Orenstein, *Girls and Sex* (HarperCollins, 2017).

P. 131, «aprendido exatamente como é que gosta de ser tocada»: Gurney, p. 92.

P. 131, «[...] seremos definidos por outros — para o seu uso e em nosso detrimento»: Audre Lorde, «Scratching the Surface: Some Notes on Barriers to Women and Loving» (publicado originalmente em 1978), *in Your Silence Will Not Protect You*, p. 13 (Silver Press, 2017).

P. 132, «[...] como desfrutar de um sentimento profundo?»: Audre Lorde, «Man Child: A Black Lesbian Feminist's Response» (publicado originalmente em 1979), *in Your Silence Will Not Protect You* (Silver Press, 2017), p. 47.

P. 134, abordagem franca, explícita e pragmática do consentimento: Ver D. Langdridge eM. J. Barker, *Safe, Sane and Consensual: Contemporary Perspectives on Sadomasochism* (Palgrave, 2007);

Kitty Stryker, *Ask: Building Consent Culture* (Thorntree Press, 2017).

P. 136, «a nossa putativa soberania»: Lauren Berlant e Lee Edelman, *Sex, or the Unbearable* (Duke University Press, 2013), citações retiradas da p. 8.

P. 137, como explica a psicanalista Jessica Benjamin: Jessica Benjamin, *The Bonds of Love: Psychoanalysis, Feminism, and the Problem of Domination* (Pantheon Books, 1988), p. 133.

P. 138, «[...] mais desprezível do que era antes»: D. H. Lawrence, «Pornography and Obscenity», publicado originalmente em 1929, incluído em *The Cambridge Editions of the Works of D. H. Lawrence: Late Essays and Articles* (ed. James T. Boulton) (Cambridge University Press, 2004), p. 242.

P. 140, Poderão os homens endereçar convites acolhedores e tolerar serem rejeitados? Ver Rebecca Kukla, «That's What She Said: The Language of Sexual Negotiation», *Ethics*, 2018, 129, 70–97.

P. 140, «a asserção ou a afirmação da tua pessoa é um ataque à minha pessoa?»: Audre Lorde, «Scratching the Surface», p. 19.

P. 141, a sua experiência com trabalho sexual: Virginie Despentes, *King Kong Theory*, traduzido por Stéphanie Benson (Serpent's Tail, 2009), p. 55.

P. 142, no seu ensaio emblemático de 1987: Leo Bersani, «Is the Rectum a Grave?», outubro de 1987, 43, 197–222, citações retiradas das pp. 216–222.

P. 144, «em direção à vulnerabilidade como um modo universal de nos expormos?»: Anat Pick, *Creaturely Poetics: Animality and Vulnerability in Literature and Film* (Columbia University Press, 2011), p. 5.

P. 144, «as grandes dicotomias desaparecem»: Lynne Segal, «Feminist Sexual Politics and the Heterosexual Predicament», *in*

L. Segal (ed.), *New Sexual Agendas* (New York University Press, 1997), 77–89, citação retirada da p. 86.

P. 144, «reciprocidade mútua de destruição»: Catherine Waldby, «Destruction: Boundary Erotics and Refigurations of the Heterosexual Male Body», *in* Grosz e Probyn, *Sexy Bodies: The Strange Carnalities of Feminism* (Routledge, 1995), 266–277, p. 266.

P. 144, «um pilar resplandecente deslizando entre nós»: Vicki Feaver, «Hemingway's Hat», *Scottish Review of Books*, 28 de outubro de 2009, scottishreviewofbooks.org.

P. 145, não são ensinadas a dizer: Christina Tesoro, «"Not So Bad": On Consent, Non-consent and Trauma», *The Toast*, 9, novembro de 2015, the-toast.net.

P. 146, «duas pessoas com uma necessidade recíproca e em igual risco»: Dodie Bellamy, «My Mixed Marriage», *The Village Voice*, 20 de junho de 2000, villagevoice.com.

P. 150, «tão louca como uma com limites cimentados»: Gillian Rose, *Love's Work: A Reckoning with Life* (Schocken Books, 1995), p. 105.